LGPD: O CAMINHO PARA O SUCESSO EMPRESARIAL, PRIVACIDADE E CONFORMIDADE

Protegendo Dados, Impulsionando Negócios, Garantindo Confiança

Flávia Figueiredo

www.direitoemconformidade.com.br

Autora: Flávia Figueiredo
ISBN nº 978-65-00-85620-0

INTRODUÇÃO

Querido leitor,

Este livro representa uma porta de entrada para desvendar os complexos mistérios da Lei Geral de Proteção de Dados (LGPD). A LGPD é muito mais do que uma regulamentação; é um poderoso instrumento que tem o potencial de transformar a maneira como indivíduos e empresas interagem com informações pessoais. Esta lei representa um marco na proteção da privacidade e na regulamentação do tratamento de dados no Brasil. Seu cerne é composto por princípios que têm o titular dos dados no epicentro, concedendo a cada indivíduo o controle sobre suas informações pessoais.

Nossa missão ao longo desta jornada é fornecer um entendimento abrangente e aplicado da LGPD. Não estamos aqui apenas para decifrar cláusulas legais e parágrafos herméticos; nosso objetivo é que você compreenda como a LGPD permeia sua vida cotidiana e impacta negócios em diversos setores. Desde o momento em que você realiza uma compra on-line até as operações internas de uma empresa que lida com dados, a LGPD é um farol que ilumina nosso caminho.

Mais do que uma questão jurídica, a LGPD é uma questão de cidadania digital. É nossa convicção que essa lei não deve ser um segredo guardado a sete chaves, acessível apenas a especialistas jurídicos e empresas de advocacia. Nós almejamos torná-la compreensível e acessível a todos, independentemente de sua formação. Seja você estudante, empreendedor, profissional de privacidade ou advogado, todos têm o direito de entender e aplicar os princípios da LGPD em suas vidas e negócios.

Para as empresas, a conformidade com a LGPD é mais que uma exigência legal; é uma oportunidade para construir confiança com seus clientes e estabelecer práticas éticas de tratamento de dados. Este livro oferece orientações práticas para ajudar empresas a adotar políticas e procedimentos alinhados com a lei, um diferencial competitivo no mercado contemporâneo.

Para os cidadãos, a LGPD concede maior controle sobre seus próprios dados, permitindo que exerçam direitos que, anteriormente, poderiam passar despercebidos. Queremos capacitar você a tomar decisões informadas sobre como seus dados são tratados e protegidos.

A proteção de dados não é apenas uma questão de conformidade legal; é uma questão cultural. Desejamos inspirar indivíduos e organizações a abraçar uma mentalidade de "privacidade por design", onde a proteção de dados está incorporada em todos os aspectos de nossa vida digital.

Este livro se destina a todos que desejam compreender a LGPD, independentemente de seu nível de conhecimento prévio sobre o assunto. Nos capítulos seguintes, exploraremos o que é a LGPD, seu contexto histórico e importância. Analisaremos em detalhes os princípios e bases legais da LGPD, bem como os direitos dos titulares de dados. Discutiremos aspectos práticos, como o tratamento de dados de crianças, a transferência internacional de dados e o papel dos agentes de tratamento de dados, incluindo o Encarregado de Proteção de Dados (DPO). Examinaremos a Autoridade Nacional de Proteção de Dados (ANPD) e as sanções aplicadas, bem como as responsabilidades e medidas de segurança necessárias para a conformidade com a LGPD. Também exploraremos tendências, casos de estudo reais e a preparação para o futuro.

Ao longo do livro, utilizaremos exemplos reais, analogias e comparações para tornar o conteúdo acessível e envolvente. Nosso objetivo é empoderá-lo a navegar pelo mundo complexo da proteção de dados, capacitando-o a tomar decisões informadas e a proteger seus próprios direitos, bem como os direitos de outras pessoas.

Estou entusiasmada para embarcar nesta jornada ao seu lado e espero que, ao final, você se sinta confiante e capacitado para enfrentar os desafios da era digital com a LGPD como seu aliado. Prepare-se para mergulhar nas entranhas da LGPD e desbloquear os segredos da privacidade e da proteção de dados!

Flávia Figueiredo

PREFÁCIO

A revolução digital transformou a maneira como vivemos e fazemos negócios. Com a crescente interconectividade e o constante fluxo de informações, surgiu uma nova moeda valiosa: os dados pessoais. No entanto, com grande poder vem grande responsabilidade, e essa responsabilidade está na essência da Lei Geral de Proteção de Dados (LGPD).

À medida que avançamos no século XXI, a proteção da privacidade e a conformidade com regulamentações de dados se tornaram imperativas para empresas de todos os tamanhos. A LGPD, inspirada em regulamentações europeias como o GDPR, surgiu para estabelecer um padrão mais elevado de cuidado e respeito pelos dados pessoais dos indivíduos.

Este livro, "LGPD: O Caminho para o Sucesso Empresarial, Privacidade e Conformidade," foi concebido com o propósito de fornecer um guia abrangente para empresas que buscam compreender, implementar e beneficiar-se da LGPD. Aqui, exploraremos desde os conceitos fundamentais até os desafios práticos da conformidade. Vamos desvendar o que a LGPD significa para você, seus clientes e sua empresa.

Nesta obra compartilho insights valiosos e estudos de casos que destacam tanto as melhores práticas como as lições aprendidas com não conformidade. Além disso, vamos mergulhar nas tendências emergentes que moldarão o futuro da proteção de dados, garantindo que sua empresa esteja preparada para enfrentar os desafios que ainda estão por vir.

Em uma época em que a privacidade e a segurança dos dados são essenciais para manter a confiança do cliente, este livro o ajudará a navegar pelas águas complexas da LGPD, transformando o cumprimento das regulamentações em uma vantagem competitiva. Este é o caminho para o sucesso empresarial, onde a privacidade e a conformidade não são apenas obrigações legais, mas um sinal de excelência.

Desejo que você encontre este guia informativo e inspirador à medida que embarca nesta jornada de proteção de dados e conformidade. Juntos, vamos construir um futuro onde a privacidade e os dados pessoais são valorizados e respeitados.

Flávia Figueiredo

SINOPSE

Bem-vindo a uma jornada épica na era da privacidade digital e conformidade empresarial! LGPD: "O Caminho para o Sucesso Empresarial, Privacidade e Conformidade" é mais do que apenas um livro, é um guia inovador que desbrava o terreno complexo da Lei Geral de Proteção de Dados (LGPD) do Brasil, revelando as chaves para o sucesso empresarial, privacidade e conformidade.

Neste livro cativante, mergulhe fundo na essência da LGPD, desde suas raízes históricas até sua aplicação global, explorando seu impacto nas empresas e na vida das pessoas. Ao longo de 15 capítulos ricos em conteúdo, você irá desvendar os segredos dos fundamentos da LGPD, os direitos dos titulares de dados e os agentes de tratamento de dados, além de desvendar as responsabilidades e as sanções aplicadas pela Autoridade Nacional de Proteção de Dados (ANPD).

Prepare-se para uma emocionante viagem pelo mundo da privacidade e da segurança de dados, enquanto descobre o que é necessário para manter sua empresa na vanguarda da conformidade. Através de cases de estudo emocionantes, você aprenderá com exemplos de boas práticas e casos de não conformidade, adquirindo lições valiosas para proteger sua empresa.

Este livro não apenas fornece uma visão profunda da LGPD, mas também explora os desafios e tendências futuras da proteção de dados, incluindo o impacto da inteligência artificial e da Internet das Coisas. Além disso, oferece uma visão de como se preparar para o futuro e adotar uma cultura de proteção de dados, mantendo sua empresa à frente do jogo.

Com uma conclusão repleta de recomendações práticas e dicas

de séries e filmes para relaxar após a leitura, "LGPD: O Caminho para o Sucesso Empresarial, Privacidade e Conformidade" é o guia definitivo para empresários, gestores, profissionais de TI e qualquer pessoa interessada em prosperar no cenário em constante evolução da privacidade de dados. Prepare-se para uma viagem literária envolvente e transformadora no mundo da LGPD e da conformidade empresarial!

Flávia Figueiredo

CAPÍTULO 1

INTRODUÇÃO À LGPD

1.1 O que é LGPD?

No contexto atual, permeado pela ubiquidade da tecnologia e da internet, a proteção de dados pessoais emerge como uma questão de relevância extrema. Com o crescimento exponencial da coleta, processamento e compartilhamento de informações pessoais, surgem inquietações cada vez mais acentuadas acerca de como esses dados são utilizados e dos impactos sobre nossa privacidade e segurança. É nesse cenário que a Lei Geral de Proteção de Dados Pessoais (LGPD) entra em vigor no Brasil, com o propósito de estabelecer regras definidas e responsabilidades no tratamento de tais informações.

A Lei Geral de Proteção de Dados Pessoais (Lei nº 13.709/2018), conhecida como LGPD, constitui uma legislação brasileira que regulamenta o tratamento de dados pessoais por empresas, organizações e órgãos públicos. Inspirada no Regulamento Geral de Proteção de Dados (GDPR, na sigla em inglês) da União Europeia, a LGPD tem como objetivo central garantir maior controle e proteção aos titulares dos dados em relação à forma como suas informações são coletadas, armazenadas, processadas e compartilhadas.

Fundamentalmente, a LGPD representa a resposta do Brasil à necessidade de salvaguardar os direitos individuais em um mundo digital, onde nossas informações pessoais transitam constantemente.

No coração da LGPD encontra-se o conceito de privacidade, que estabelece diretrizes claras acerca da coleta, tratamento e armazenamento das informações pessoais. Isto implica que, em uma era cada vez mais conectada, empresas e organizações envolvidas na coleta de dados pessoais devem fazê-lo de maneira transparente, requerendo o consentimento explícito dos titulares desses dados. Além disso, são compelidas a garantir a segurança e a confidencialidade dessas informações.

Outrossim, a LGPD determina que os titulares de dados tenham o direito de acessar suas informações pessoais, corrigi-las, transferi-las ou excluí-las quando não mais necessárias para os fins para os quais foram coletadas. Isto proporciona aos indivíduos um considerável controle sobre suas informações, um aspecto essencial em um contexto no qual a privacidade digital é cada vez mais difícil de assegurar.

Para ilustrar, imagine-se navegando na internet, efetuando compras on-line, utilizando aplicativos ou redes sociais. Durante tais atividades, você compartilha uma variedade de informações, desde dados simples, como nome e endereço, até informações sensíveis, como números de cartões de crédito e históricos médicos. A LGPD desempenha um papel crucial em assegurar que essas informações sejam tratadas com o devido cuidado e com respeito à sua privacidade.

Contudo, a LGPD não se restringe apenas ao tratamento de dados pessoais. Ela também impõe significativas obrigações às organizações que coletam e processam essas informações.

Empresas devem implantar medidas de segurança apropriadas para resguardar os dados pessoais contra vazamentos ou acessos não autorizados. Adicionalmente, são obrigadas a nomear um Encarregado de Proteção de Dados, também conhecido como DPO, que é responsável por garantir a observância das disposições da LGPD dentro da organização.

As penalidades pela negligência na observância das normas estabelecidas pela LGPD podem ser severas, incluindo a imposição de multas substanciais. Portanto, a legislação atua como um poderoso incentivo para que empresas e organizações levem a sério a proteção de dados pessoais.

A LGPD, como parte de seu âmbito abrangente, lida com tópicos que incluem o tratamento de dados de menores de idade, a transferência internacional de dados e a notificação de incidentes de segurança. Ela constrói um ambiente regulatório sólido que visa garantir que a privacidade e a segurança dos dados pessoais sejam priorizadas em todos os setores.

Em síntese, a Lei Geral de Proteção de Dados Pessoais representa um marco crucial na defesa da privacidade e da segurança dos dados pessoais no Brasil. Ela estabelece um conjunto abrangente de diretrizes e obrigações que objetivam assegurar que nossas informações pessoais sejam tratadas com respeito, transparência e segurança. Além disso, coloca o controle sobre os dados nas mãos dos indivíduos, capacitando- os a determinar como suas informações são usadas e protegidas.

Em um mundo onde a tecnologia continua a progredir e a coleta de dados se torna cada vez mais difundida, a LGPD desempenha um papel central na preservação de nossos direitos digitais. Assim, compreender e acatar as disposições dessa legislação torna-se imperativo para empresas, organizações e cidadãos que desejam navegar com segurança no cenário digital em constante evolução.

1.2 Contexto Histórico da LGPD

Para uma apreciação completa da importância e do propósito subjacentes à Lei Geral de Proteção de Dados (LGPD), é imperativo que mergulhemos na linha do tempo e no contexto que culminou em sua promulgação. A LGPD não brotou do nada, mas emergiu como resposta às rápidas reviravoltas tecnológicas e à premente necessidade de salvaguardar a privacidade e a segurança dos dados pessoais dos cidadãos brasileiros.

No início do século XXI, o globo testemunhou uma revolução tecnológica sem precedentes. A ascensão da internet, a proliferação de dispositivos digitais e a disseminação das mídias sociais trouxeram consigo uma explosão de informações. Com um simples clique, dados pessoais, outrora arquivados em papel ou mantidos em locais físicos, migraram para o domínio online, acessíveis a empresas, organizações e, por vezes, até mesmo a cibercriminosos.

Essa metamorfose digital carreou consigo uma miríade de inquietações concernentes à privacidade e à segurança dos dados. Indivíduos passaram a perceber que suas informações pessoais se tornavam mais vulneráveis do que nunca. Em um mundo cada vez mais interconectado, muitas vezes, suas informações eram recolhidas, arquivadas e partilhadas sem seu prévio conhecimento ou consentimento.

Foi nesse contexto que a União Europeia assumiu a liderança ao promulgar o Regulamento Geral de Proteção de Dados (GDPR) em 2018. O GDPR estabeleceu um conjunto completo de normas para proteção de dados pessoais, concedendo aos cidadãos europeus maior controle sobre suas informações pessoais. Além disso, impôs obrigações rigorosas às empresas que coletavam e processavam dados, independentemente de sua localização geográfica.

Diante dos efeitos positivos testemunhados na Europa, bem como da percepção da necessidade de um aparato legal similar no Brasil, o governo brasileiro optou por seguir o mesmo trajeto. Assim, em 14 de agosto de 2018, a Lei Geral de Proteção de Dados (LGPD) foi promulgada, com a totalidade de sua vigência entrando em vigor em setembro de 2020.

A LGPD foi concebida com o fito de assegurar que os dados pessoais dos cidadãos brasileiros estivessem à prova de vazamentos e que o tratamento dessas informações ocorresse com cuidado e responsabilidade.

Ela delineou diretrizes inequívocas para a coleta, armazenamento, processamento e transferência de dados pessoais, bem como os direitos dos titulares desses dados.

Salienta-se que o contexto histórico nos ensina que, à medida que o mundo se torna cada vez mais digital, a proteção dos dados pessoais emerge como uma necessidade premente. A LGPD, por conseguinte, representa uma resposta a essa necessidade, objetivando harmonizar o progresso tecnológico com a preservação da privacidade e da segurança dos dados pessoais.

Em um cenário de mudanças tecnológicas rápidas, a LGPD desempenha uma função vital no fomento da confiança dos cidadãos em relação à forma como suas informações são tratadas por empresas e organizações. Ela institui diretrizes diáfanas com o intuito de assegurar que os dados pessoais sejam manejados de forma ética e segura, criando, desse modo, um ambiente propício para a inovação, a transparência e o respeito à privacidade.

A compreensão desse contexto histórico revela-se fundamental para apreciar a importância e o impacto da LGPD. À medida que avançamos neste livro, mergulharemos de forma detalhada nas disposições e implicações da lei, bem como em sua aplicação prática nos diversos setores da sociedade. Prepare- se, assim, para uma viagem de descobertas, na qual desvendaremos as complexidades da LGPD e seu papel na proteção dos dados pessoais no Brasil.

1.3 Importância da LGPD

A relevância da Lei Geral de Proteção de Dados (LGPD) transcende seu caráter regulamentar. Ela representa uma transformação fundamental na forma como lidamos com informações pessoais na era digital. Neste capítulo, exploraremos em detalhes a importância da LGPD em nossas vidas, nas empresas e na economia de maneira geral. Em um mundo em constante evolução tecnológica, com uma produção massiva de dados a cada dia, a LGPD desempenha um papel de destaque na proteção da privacidade e da segurança das informações pessoais. Essa relevância pode ser observada em várias esferas:

a. Empoderamento dos Cidadãos

Um dos aspectos mais notáveis da LGPD é o empoderamento do cidadão em relação aos seus próprios dados. Imagine que seus dados são como um baú trancado, e você é o único detentor da chave. Conforme preconizado pela LGPD, você detém o poder de decidir quem pode acessar suas informações pessoais. Esse nível de autonomia reflete diretamente o direito à autodeterminação informacional.

Esse controle não apenas confere aos cidadãos um sentimento de posse sobre suas informações, mas também estabelece uma base sólida para a confiança.

Saber que suas informações estão protegidas e que você possui o controle sobre quem as utiliza é essencial para criar um relacionamento de confiança com empresas que coletam seus dados e, até mesmo, com o governo.

b. Proteção da Privacidade

A LGPD atua como um escudo robusto que protege a privacidade dos cidadãos. Ela institui normas rígidas para o tratamento de dados pessoais, exigindo que as empresas e organizações ajam de maneira transparente e responsável. Os titulares de dados têm o direito de saber como suas informações estão sendo usadas e podem dar ou retirar seu consentimento.

Ao garantir essa proteção da privacidade, a LGPD visa evitar o uso inadequado de informações pessoais, como o compartilhamento não autorizado ou a comercialização de dados para terceiros. Isso é fundamental para impedir que indivíduos sejam expostos a riscos como fraudes, invasões de privacidade e abusos de dados.

c. Estímulo à Inovação

A proteção de dados não deve ser vista como um obstáculo à inovação. Pelo contrário, a LGPD pode servir como um catalisador para a criatividade e o avanço tecnológico. Quando as pessoas têm a garantia de que seus dados estão protegidos, sentem-se mais à vontade para compartilhá-los.

Empresas e organizações podem utilizar dados de maneira ética e responsável para criar produtos e serviços melhores. Por exemplo, na área da saúde, o compartilhamento seguro de dados pode acelerar a pesquisa médica e levar a descobertas revolucionárias. Da mesma forma, no setor de varejo, o uso de dados para entender o comportamento do consumidor pode resultar em ofertas mais personalizadas e eficazes.

d. Fomento da Transparência e Prestação de Contas

A LGPD estabelece a obrigação de transparência. Empresas e organizações devem informar de maneira clara e acessível como pretendem utilizar os dados pessoais. Essa transparência não apenas atende a um princípio ético, mas também permite que os titulares de dados tomem decisões informadas sobre o compartilhamento de suas informações.

Além disso, a LGPD promove a prestação de contas. Organizações devem ser responsáveis por seus atos e práticas no tratamento de dados. Isso significa que, se algo der errado, haverá consequências legais. Essa responsabilidade incentiva as empresas a adotarem práticas seguras e éticas.

e. Conformidade com Padrões Internacionais

A LGPD alinha o Brasil com os padrões internacionais de proteção de dados. Seguindo o exemplo da União Europeia, com o GDPR, a LGPD adota uma abordagem semelhante em muitos aspectos. Isso é crucial para empresas brasileiras que atuam globalmente, pois precisam cumprir regulamentações variadas.

O alinhamento com padrões internacionais torna o Brasil um parceiro confiável em transações internacionais e no compartilhamento seguro de dados com outras nações. Isso é benéfico tanto para a economia quanto para a reputação do país no cenário global.

A importância da LGPD transcende sua mera existência como uma regulamentação legal. Ela é uma afirmação dos direitos à privacidade e à segurança dos dados pessoais. Ela estimula a inovação responsável e o respeito pelas informações pessoais. Ela estabelece as bases para um relacionamento de confiança entre empresas, cidadãos e governo. E, por fim, ela é um passo em direção à conformidade com os padrões internacionais, tornando o Brasil um ator respeitado na arena global de proteção de dados.

À medida que avançamos em nossa exploração da LGPD, aprofundaremos as disposições da lei e examinaremos como ela afeta empresas, titulares de dados e a sociedade como um todo. Este é apenas o começo de nossa jornada, e as complexidades da LGPD estão apenas começando a se desdobrar diante de nós.

1.4. Objetivos da LGPD

A Lei Geral de Proteção de Dados (LGPD) estabelece de forma clara e definida um conjunto de objetivos com o potencial de reformular a maneira como as informações pessoais são tratadas no Brasil.

Neste capítulo, exploraremos detalhadamente esses objetivos, compreendendo como moldam a legislação e por que desempenham um papel fundamental na proteção da privacidade e dos direitos dos titulares de dados.

a. Proteção dos dados pessoais

O primeiro e mais fundamental objetivo da LGPD é assegurar a proteção dos dados pessoais. Isso implica em garantir que informações capazes de identificar uma pessoa, como nome, endereço, CPF e histórico médico, estejam resguardadas e não sejam utilizadas de maneira imprópria. Em um mundo onde os dados representam ativos valiosos, torna-se essencial salvaguardar a privacidade dos indivíduos, bem como garantir a confidencialidade de suas informações.

Essa proteção abarca uma série de medidas, que vão desde a implementação de sistemas de segurança robustos até a regulamentação das práticas de tratamento de dados por parte das organizações. A LGPD atribui a responsabilidade de zelar pela segurança dos dados pessoais, criando um ambiente de confiança para que os cidadãos tenham a certeza de que suas informações estão devidamente protegidas.

b. Transparência

Outro objetivo-chave da LGPD é a promoção da transparência. Empresas e organizações que realizam a coleta de dados pessoais devem fornecer explicações claras sobre como tencionam empregar essas informações.

Isso requer a divulgação de políticas de privacidade e práticas de tratamento de dados que sejam facilmente compreensíveis para os titulares de dados.

A transparência desempenha um papel vital ao permitir que os titulares de dados efetuem escolhas informadas. Quando as pessoas compreendem o propósito do uso de suas informações, tornam-se capazes de conceder ou negar seu consentimento. Além disso, a transparência constitui um elemento crucial na construção da confiança, já que empresas que atuam de forma aberta e honesta demonstram respeito pela privacidade de seus clientes.

c. Consentimento

A LGPD estabelece que o consentimento é um dos princípios basilares para o tratamento de dados pessoais. Isso significa que, antes de coletar informações pessoais, as organizações devem obter uma autorização explícita do titular dos dados. O consentimento deve ser concedido de maneira livre, bem informada e inequívoca.

Essa exigência de consentimento coloca o controle nas mãos dos titulares de dados, conferindo a eles o poder de decidir se desejam compartilhar suas informações e para quais finalidades. Esse elemento é fundamental para a autonomia e o respeito à autodeterminação informativa, princípios fundamentais da proteção de dados pessoais.

d. Acesso e retificação

A LGPD concede aos titulares de dados o direito de acessar suas próprias informações e, caso detectem inexatidões, de retificá-las. Esse direito é essencial para garantir a precisão dos dados pessoais e permitir que os indivíduos mantenham controle sobre suas informações.

Suponha, por exemplo, que alguém descubra que seu histórico médico possui informações incorretas. Com a LGPD, essa pessoa tem o direito de acessar seus registros e solicitar as devidas correções. Isso garante que as informações que circulam a seu respeito sejam precisas e confiáveis.

e. Portabilidade

O conceito de portabilidade constitui outro aspecto de relevância na LGPD. Isso significa que os titulares de dados têm o direito de transferir seus dados de um serviço para outro. Por exemplo, caso desejem mudar de provedor de serviços de saúde, a LGPD permite que solicitem uma cópia de seus registros médicos para levá-los consigo. Tal medida promove a mobilidade e a escolha dos titulares de dados, estimulando a concorrência e a inovação.

f. Eliminação

A LGPD reconhece o direito do titular de dados de requerer a exclusão de suas informações.

Isso é particularmente importante quando se consideram informações obsoletas ou coletadas sem o devido consentimento. A eliminação assegura que os dados pessoais não sejam retidos indefinidamente e confere aos indivíduos o poder de controlar o que é mantido a seu respeito.

g. Limitação de tratamento

A LGPD estipula que os titulares de dados têm o direito de solicitar a restrição do uso de suas informações em determinadas situações. Isso pode ocorrer, por exemplo, quando há uma disputa quanto à precisão dos dados ou quando o tratamento é considerado ilegal.

A limitação de tratamento oferece uma camada adicional de proteção, conferindo controle aos titulares de dados. Garante que, em circunstâncias específicas, suas informações não sejam tratadas de maneira inadequada.

Os objetivos da LGPD constituem a espinha dorsal da legislação. Eles visam proteger os dados pessoais, fomentar a transparência, garantir o consentimento, possibilitar o acesso e a retificação, viabilizar a portabilidade, permitir a eliminação e estabelecer a limitação de tratamento. Esses objetivos fundamentam a proteção da privacidade, a autonomia dos cidadãos e a responsabilidade das organizações que tratam dados pessoais.

1.5 Aplicação da LGPD

A aplicação da Lei Geral de Proteção de Dados (LGPD) é um tópico de extrema relevância, pois delineia a extensão da lei e quem está sujeito a ela. Entender a amplitude de aplicação da LGPD é crucial, pois influencia diretamente a maneira como empresas, organizações e até mesmo indivíduos devem se relacionar com a lei e seus princípios.

a. Amplitude e Inclusividade

A LGPD se destaca por sua abrangência, aplicando-se a praticamente todas as organizações, independentemente de serem públicas ou privadas. Isso significa que tanto o pequeno negócio local quanto a grande corporação multinacional estão sujeitos à lei. Em um mundo cada vez mais digital, onde a coleta e o tratamento de dados ocorrem em diversas esferas da sociedade, essa inclusividade é essencial.

Independentemente do tamanho de uma organização, a LGPD é relevante. Essa abordagem não discriminatória demonstra a seriedade com que o Brasil trata a proteção de dados e a privacidade, garantindo que todos os cidadãos tenham seus direitos respeitados, independentemente de com quem compartilham suas informações.

b. Informações Pessoais, Online e Offline

Um aspecto fundamental da LGPD é que ela não faz distinção entre informações pessoais mantidas online e offline.

A lei abrange dados pessoais em qualquer formato, desde registros digitais até documentos em papel. Portanto, se uma organização coleta ou trata informações pessoais em qualquer meio, ela deve cumprir a LGPD.

Isso é especialmente importante, considerando que muitos aspectos da nossa vida cotidiana, como compras online, consultas médicas e transações bancárias, envolvem a coleta e o uso de dados pessoais. A LGPD garante que a proteção de dados seja uma consideração tanto no ambiente digital quanto no físico, oferecendo uma ampla camada de segurança para os cidadãos.

c. Inclusão de Todos os Setores da Sociedade

Além da inclusividade quanto ao tamanho e ao meio em que os dados são mantidos, a LGPD também engloba praticamente todos os setores da sociedade. Isso abrange desde instituições financeiras e empresas de tecnologia até órgãos governamentais e pequenas empresas familiares.

Por exemplo, se você é o proprietário de um pequeno e-commerce que coleta endereços de e-mail de clientes para envio de boletins informativos, a LGPD também se aplica a você. Isso significa que, independentemente de onde os dados pessoais são coletados e processados, a lei estabelece obrigações claras que devem ser cumpridas.

d. Relevância para a Vida Diária

A amplitude de aplicação da LGPD tem implicações diretas na vida cotidiana das pessoas. Todos os dias, interagimos com organizações que de alguma forma coletam, armazenam ou processam nossos dados pessoais. Isso ocorre quando fazemos compras online, usamos aplicativos de transporte, visitamos o médico ou simplesmente nos cadastramos em um site.

Conscientes de que suas informações estão protegidas pela LGPD, os cidadãos podem ter mais confiança nas organizações com as quais interagem. Eles têm a garantia de que seus direitos de privacidade serão respeitados e que seus dados não serão usados indevidamente.

Essa conscientização da LGPD também incentiva as organizações a adotar práticas de tratamento de dados responsáveis e éticas. Isso significa que, ao cumprir as disposições da lei, as empresas não apenas evitam penalidades legais, mas também constroem uma reputação sólida de respeito pela privacidade e pela proteção de dados.

e. A Importância da Conformidade

Para as organizações, a conformidade com a LGPD é fundamental. Cumprir as regras estabelecidas pela lei é mais do que uma obrigação legal; é uma demonstração de respeito pela privacidade dos clientes e pela confiança que depositam na empresa.

A não conformidade pode resultar em penalidades significativas, que variam de advertências a multas substanciais.

Portanto, a aplicação da LGPD impõe responsabilidades significativas às organizações. Elas devem investir em segurança de dados, políticas de privacidade claras e treinamento de funcionários para garantir a conformidade. Além disso, devem estar preparadas para lidar com solicitações de titulares de dados relacionadas ao acesso, retificação e exclusão de informações.

A aplicação abrangente da LGPD demonstra o compromisso do Brasil com a proteção de dados pessoais em todas as esferas da sociedade. Essa lei tem um impacto direto nas vidas das pessoas, promovendo a privacidade, a confiança e a responsabilidade das organizações.

Portanto, é essencial que tanto os cidadãos quanto as organizações estejam cientes da aplicação da LGPD e das obrigações que ela impõe. Somente assim podemos criar um ambiente em que os dados pessoais sejam tratados com o devido respeito e responsabilidade, protegendo assim a privacidade e os direitos de todos. Lembre-se, a LGPD não é apenas uma regulamentação; é um compromisso com a segurança e a privacidade dos dados em um mundo cada vez mais digital.

1.6 Não Aplicação da LGPD

A Lei Geral de Proteção de Dados (LGPD) estabelece uma ampla abrangência para proteger os dados pessoais no Brasil. No entanto, é fundamental compreender que existem exceções e situações em que a lei não se aplica. Distinguindo essas exceções, obtemos uma visão clara de quais dados pessoais estão sujeitos à LGPD e quais podem estar isentos de suas disposições. Neste contexto, exploraremos em detalhes essas exceções para entender quando a LGPD não se aplica.

a. Uso de Dados para Fins Pessoais ou Domésticos

Uma das exceções à aplicação da LGPD está relacionada ao uso de dados pessoais para fins pessoais ou domésticos. Isso significa que se você coleta e processa informações pessoais exclusivamente para suas atividades pessoais ou familiares, a LGPD não se aplica. Por exemplo, se você mantém uma lista de contatos em seu celular para fins de comunicação pessoal, como manter os números de telefone de amigos e familiares, você não precisa se preocupar com a LGPD. Essa exceção visa evitar que a lei crie uma carga regulatória excessiva para atividades do dia a dia que não têm implicações comerciais.

b. Uso de Dados para Fins Jornalísticos, Artísticos ou Acadêmicos

Outra exceção importante à aplicação da LGPD envolve o tratamento de dados pessoais para fins exclusivamente jornalísticos, artísticos ou acadêmicos. Isso significa que atividades como a publicação em um blog pessoal, a criação de conteúdo em um canal do YouTube, a produção artística ou a pesquisa acadêmica podem não estar sujeitas à LGPD.

Por exemplo, se você mantém um blog pessoal onde compartilha suas experiências e opiniões, a LGPD não se aplicará a você nesse contexto. Da mesma forma, se estiver envolvido em projetos acadêmicos que envolvem a coleta e o uso de dados pessoais para fins de pesquisa, você pode estar isento da LGPD. Essa exceção é importante para preservar a liberdade de expressão, a criatividade artística e o progresso acadêmico. No entanto, é importante notar que essa isenção se aplica apenas quando o tratamento de dados é realizado por uma pessoa física e exclusivamente para os fins mencionados.

c. Contexto de Desenvolvimento Científico e

Tecnológico

A LGPD também reconhece a importância do desenvolvimento científico e tecnológico para a sociedade. Nesse contexto, o tratamento de dados pessoais pode ser realizado sem a aplicação rigorosa da lei. Isso abrange atividades de pesquisa e desenvolvimento que visam promover a inovação e o progresso tecnológico. No entanto, é importante observar que esse tratamento de dados deve ser realizado em conformidade com princípios éticos e garantir a privacidade e a segurança dos dados. A LGPD não permite que o desenvolvimento científico e tecnológico seja uma desculpa para práticas irresponsáveis de tratamento de dados.

d. Atividades de Segurança Pública e Defesa Nacional

Outra exceção à LGPD diz respeito a atividades de segurança pública e defesa nacional. Isso envolve situações em que dados pessoais são tratados para fins de segurança nacional, defesa do Estado e manutenção da ordem pública. Essas atividades podem ser realizadas sem a estrita aplicação das disposições da LGPD. Essa exceção reconhece a necessidade de manter a segurança e a soberania do país. No entanto, é importante observar que a LGPD exige que o tratamento de dados pessoais para esses fins seja realizado de maneira proporcional e respeitando os direitos fundamentais dos titulares de dados.

A LGPD estabelece uma série de exceções importantes que determinam quando a lei não se aplica. Essas exceções são projetadas para equilibrar a proteção da privacidade e dos dados pessoais com a liberdade de expressão, o progresso científico e tecnológico, bem como a segurança pública e a defesa nacional.

É essencial que organizações e indivíduos compreendam essas exceções para garantir que estejam em conformidade com a LGPD quando necessário e que estejam cientes de quando podem estar isentos das disposições da lei. Essa compreensão contribui para a aplicação eficaz da LGPD e para o respeito aos direitos dos titulares de dados, enquanto permite o desenvolvimento científico, artístico e tecnológico, bem como a manutenção da segurança nacional.

1.7. Comparação com Regulamentações Internacionais

A Lei Geral de Proteção de Dados (LGPD) do Brasil desempenha um papel essencial no cenário global de proteção de dados, estando intrinsecamente ligada a regulamentações internacionais. Como resultado, a compreensão da relação entre a LGPD e regulamentações como o Regulamento Geral de Proteção de Dados (GDPR) da União Europeia é crucial. Vamos, portanto, analisar a comparação entre a LGPD e tais regulamentações, identificando suas semelhanças e diferenças, e como isso impacta as empresas com presença internacional.

I. Inspiração no GDPR

Um traço notável da LGPD é sua inspiração no GDPR. O GDPR, uma abrangente regulamentação da União Europeia em vigor desde 2018, estabelece diretrizes rígidas para a proteção de dados pessoais. A LGPD do Brasil compartilha muitos princípios semelhantes com o GDPR, incluindo a ênfase na transparência, no consentimento, no direito de acesso e no direito de exclusão de dados pessoais.

Assim, empresas que operam sob a jurisdição da LGPD e do GDPR enfrentam um conjunto de regras com muitos aspectos em comum. Essas semelhanças refletem o consenso global sobre a importância da proteção de dados e a necessidade de princípios unificados em nível internacional.

a. Complexidade para Empresas Internacionais

A convergência entre a LGPD e o GDPR acarreta implicações significativas para empresas que operam internacionalmente. Essas empresas devem atender às exigências de múltiplas regulamentações de privacidade de dados e garantir a conformidade com cada uma delas. Isso pode se mostrar uma tarefa desafiadora, uma vez que diferentes regulamentações podem conter requisitos ligeiramente distintos.

Por exemplo, uma empresa que coleta e processa dados pessoais de cidadãos brasileiros e europeus deve cumprir tanto a LGPD quanto o GDPR. Isso requer um compromisso substancial com a conformidade e a proteção de dados, incluindo a implementação de políticas de privacidade claras, mecanismos de consentimento apropriados e medidas de segurança de dados robustas.

II. Particularidades da LGPD

Embora a LGPD tenha se inspirado no GDPR, também possui suas próprias particularidades que a distinguem. Uma das diferenças mais notáveis é a regulamentação específica para o tratamento de dados sensíveis.

A LGPD define categorias específicas de dados que requerem atenção especial no tratamento, como informações sobre raça, orientação sexual e saúde. Isso enfatiza a preocupação do Brasil com a proteção de grupos historicamente vulneráveis.

Outra característica distintiva da LGPD é a figura do Encarregado de Proteção de Dados (Data Protection Officer - DPO), uma exigência da legislação brasileira. O DPO é responsável por supervisionar a conformidade com a LGPD e atua como ponto de contato entre a organização, os titulares de dados e a Autoridade Nacional de Proteção de Dados (ANPD). Essa função é crucial para garantir que as organizações cumpram a lei e protejam os direitos dos titulares de dados.

a. Demonstração de Alinhamento Internacional

A comparação entre a LGPD e o GDPR, bem como com outras regulamentações internacionais de proteção de dados, demonstra o alinhamento do Brasil com os padrões globais de privacidade e segurança de dados. Esse alinhamento contribui para a reputação do país como um parceiro comercial confiável em um mundo cada vez mais interconectado.

Além disso, facilita a transferência de dados pessoais entre o Brasil e outros países, como os Estados membros da União Europeia. Quando as regulamentações de proteção de dados são consideradas equivalentes, isso simplifica as transações e o fluxo de informações, promovendo a cooperação internacional.

A LGPD é parte integrante de um cenário global de proteção de dados pessoais. Sua comparação com regulamentações internacionais, como o GDPR, é crucial para compreender a complexidade da conformidade e suas implicações para as empresas. Embora existam semelhanças notáveis, a LGPD também traz suas próprias particularidades, refletindo as prioridades e valores do Brasil em relação à proteção de dados.

A conformidade com a LGPD e outras regulamentações internacionais exige um compromisso significativo com a privacidade e a segurança de dados. No entanto, esse esforço é fundamental para proteger os direitos dos titulares de dados e promover a confiança em um mundo digital em constante evolução. Compreender a LGPD é o primeiro passo em direção a uma conformidade eficaz e à preservação da privacidade.

CAPÍTULO 2

FUNDAMENTOS DA LGPD

Neste capítulo abrangente e informativo, estamos prestes a nos aprofundar nos intrincados e cruciais fundamentos da Lei Geral de Proteção de Dados (LGPD). Aqui, embarcaremos em uma fascinante jornada de exploração para desvendar e desdobrar meticulosamente o significado e a importância de termos essenciais relacionados a esta legislação, adentrando em seus meandros com a finalidade de compreender com profundidade os princípios que a norteiam. Além disso, dedicaremos tempo para explorar minuciosamente as sólidas bases legais que sustentam o tratamento de dados pessoais, contribuindo assim para a construção de um entendimento sólido e abrangente dessa importante área do direito.

2.1. Titular de Dados

A base da Lei Geral de Proteção de Dados (LGPD) reside na figura do titular de dados. O titular de dados é a pessoa a quem os dados se referem, ou seja, a pessoa física que é o objeto das informações que estão sendo coletadas, processadas e armazenadas. Em termos simples, se você é uma pessoa e tem informações pessoais coletadas por uma organização, você é o titular de dados.

Para uma compreensão mais aprofundada, considere o cenário em que você realiza uma compra online e precisa fornecer seu nome, endereço e número de cartão de crédito. Nesse contexto, você assume o papel de titular de dados, enquanto a loja online está encarregada de coletar e processar suas informações.

A LGPD coloca o titular de dados no cerne do processo e tem como objetivo assegurar que seus direitos e privacidade sejam protegidos. Isso inclui o direito de acessar seus próprios dados, o direito de retificar informações imprecisas e o direito de solicitar a exclusão de dados quando a finalidade da coleta for alcançada.

A figura do titular de dados é o ponto focal da LGPD. Ela representa você, a pessoa que disponibiliza suas informações pessoais no ambiente digital. A LGPD garante que você não seja apenas uma peça no quebra-cabeça do tratamento de dados, mas sim o protagonista de sua própria narrativa digital.

Equipado com direitos sólidos, como o acesso às suas informações, a correção de dados incorretos e a capacidade de determinar o destino de seus dados, a LGPD lhe concede a capacidade de navegar com confiança e controle pelo cenário digital. Ela enfatiza a relevância da privacidade em um mundo interconectado e garante que sua experiência digital seja uma história na qual você seja o narrador e o protagonista.

2.2. Tratamento de dados

Agora que sabemos quem é o titular de dados, vamos explorar o que significa o tratamento de dados. O tratamento de dados abrange uma ampla gama de atividades relacionadas a informações pessoais. sso inclui a coleta, o armazenamento, a organização, a estruturação, a alteração, o uso, a divulgação e a exclusão de dados pessoais.

De acordo com a LGPD, "tratamento é toda operação realizada com dados pessoais, como as que se referem a coleta, produção, recepção, classificação, utilização, acesso, reprodução, transmissão, distribuição, processamento, arquivamento, armazenamento, eliminação, avaliação ou controle da informação, modificação, comunicação, transferência, difusão ou extração."

Essa definição abrangente de tratamento de dados estabelece as bases para a proteção da privacidade e dos direitos dos titulares dos dados pessoais. Vamos explorar esse conceito mais a fundo, considerando as atividades específicas que se enquadram nesse âmbito.

a. Coleta de Dados Pessoais

A coleta de dados pessoais é uma das atividades fundamentais que se encaixam na definição de tratamento de dados sob a LGPD. Isso compreende a obtenção de informações pessoais de indivíduos, seja por meio de sua autorização voluntária ou provenientes de outras fontes.

Por exemplo, quando uma empresa solicita informações pessoais como nome, endereço, número de telefone ou e-mail durante o processo de registro de um cliente, está realizando uma operação de coleta.

A coleta de dados frequentemente marca o ponto de partida para qualquer atividade de tratamento de dados, sendo crucial que as organizações obtenham o consentimento apropriado dos titulares dos dados ou tenham bases legais sólidas para tal coleta, como contratos ou obrigações legais.

b. Produção, Recepção e Classificação

Produção de dados pessoais envolve a criação de novas informações pessoais, como registros de transações em sistemas de vendas ou registros de saúde em um ambiente médico. Já a recepção de dados pessoais refere-se à obtenção de informações pessoais de fontes externas, como quando uma empresa recebe dados de seus clientes ou parceiros de negócios. A classificação de dados pessoais envolve categorizar as informações coletadas com base em critérios específicos, como a classificação de dados de clientes de acordo com a localização geográfica ou preferências de compra.

c. Utilização, Acesso e Reprodução

Utilização de dados pessoais diz respeito ao uso dessas

informações para cumprir as finalidades para as quais foram coletadas, como enviar comunicações de marketing personalizadas. O acesso aos dados pessoais refere-se à capacidade de indivíduos ou entidades autorizadas visualizarem ou recuperarem informações pessoais. A reprodução envolve criar cópias das informações pessoais.

d. Transmissão e Transferência de Dados Pessoais

A transmissão e a transferência de dados pessoais envolvem o compartilhamento dessas informações entre entidades. Isso pode ocorrer tanto dentro de uma organização quanto entre organizações diferentes. Por exemplo, quando uma empresa compartilha informações de seus clientes com um parceiro de negócios para fins de marketing conjunto, isso constitui uma transferência de dados pessoais.

A LGPD impõe requisitos rigorosos quando se trata de transferência internacional de dados. As organizações que desejam transferir dados pessoais para fora do Brasil devem garantir que o país de destino ofereça um nível adequado de proteção de dados ou que medidas de proteção adequadas, como cláusulas contratuais padrão, sejam implementadas para garantir a segurança dos dados durante a transferência.

e. Distribuição e Processamento de Dados Pessoais

Distribuição refere-se à transferência ou compartilhamento desses dados com terceiros, enquanto o processamento envolve a análise, organização e realização de operações específicas com base nas informações pessoais. Por exemplo, uma instituição financeira que utiliza dados pessoais de clientes para calcular a pontuação de crédito está envolvida em processamento de dados.

f. Arquivamento e Armazenamento de Dados Pessoais

Arquivamento envolve a manutenção de registros e documentos

que contêm informações pessoais, enquanto o armazenamento diz respeito à manutenção e retenção das informações pessoais coletadas, garantindo sua segurança e acessibilidade apenas por pessoal autorizado.

g. Eliminação e Controle da Informação

Eliminação refere-se à exclusão ou destruição de informações pessoais quando não são mais necessárias para a finalidade original da coleta. O controle da informação envolve a supervisão e gerenciamento dos dados pessoais ao longo de seu ciclo de vida.

h. Modificação, Comunicação e Difusão

Modificação refere-se à alteração das informações pessoais de acordo com as necessidades ou solicitações dos titulares dos dados. Comunicação envolve a divulgação de informações pessoais a partes autorizadas, como clientes ou parceiros de negócios. Difusão implica tornar essas informações amplamente acessíveis, como em uma publicação pública.

i. Extração de Dados Pessoais

A extração de dados pessoais envolve a coleta de informações específicas de um conjunto de dados maior, por exemplo, extrair endereços de e-mail de uma lista de contatos para envio de boletins informativos.

Em conclusão, a LGPD representa um marco significativo na proteção da privacidade e na regulamentação do tratamento de dados pessoais no Brasil. É imperativo que as organizações compreendam suas obrigações e adotem medidas adequadas para garantir a conformidade. Isso não apenas protege os direitos dos titulares dos dados, mas também estabelece confiança e transparência com clientes e parceiros de negócios.

Em um mundo cada vez mais orientado pela tecnologia e pela

coleta de dados, a LGPD desempenha um papel vital na promoção de práticas responsáveis de tratamento de dados pessoais e na proteção da privacidade. Portanto, é essencial que organizações e indivíduos estejam cientes de suas obrigações e direitos sob essa legislação crucial.

2.3. Dados Pessoais e Dados Pessoais Sensíveis

A Lei Geral de Proteção de Dados Pessoais (LGPD) é uma legislação brasileira que visa garantir a privacidade, a segurança e o tratamento adequado das informações pessoais dos cidadãos. Nesse sentido, no contexto da LGPD, os dados são classificados em duas categorias principais.

Neste artigo, exploraremos de forma detalhada essas duas categorias, compreendendo suas definições, importância e os desafios que as empresas e organizações enfrentam para protegê-los em conformidade com a legislação.

a. Dados Pessoais

Os dados pessoais, de acordo com a LGPD, são informações relacionadas a uma pessoa natural identificada ou identificável. Isso significa que, se uma informação puder ser direta ou indiretamente vinculada a uma pessoa específica, ela é considerada um dado pessoal. Exemplos comuns de dados pessoais incluem nome, endereço, e-mail, número de telefone, número do RG, CPF, entre outros.

No entanto, o tratamento de dados pessoais é uma prática comum no ambiente digital e é utilizado por empresas e organizações para diversos fins, como prestação de serviços, comunicação com clientes, análise de mercado, entre outros. No entanto, a LGPD impõe regras e limites para o tratamento dessas informações, visando garantir que os direitos dos titulares dos dados sejam respeitados e que suas informações não sejam utilizadas de forma indevida ou abusiva.

b. Dados Pessoais Sensíveis

Por outro lado, os dados pessoais sensíveis são uma subcategoria dos dados pessoais e merecem especial proteção devido à sua natureza mais delicada e íntima. Esses dados referem-se a informações que revelam aspectos como origem racial ou étnica, convicções religiosas, filosóficas ou políticas, dados genéticos, dados biométricos, dados de saúde ou informações sobre a vida sexual e a orientação sexual da pessoa.

A distinção entre dados pessoais e dados pessoais sensíveis é fundamental para garantir que informaçõ

altamente sensíveis não sejam tratadas de forma indiscriminada ou expostas a riscos desnecessários. Nesse contexto, a LGPD impõe restrições mais rigorosas ao tratamento de dados pessoais sensíveis, exigindo o consentimento expresso e específico do titular para a sua coleta e tratamento, a menos que haja outra base legal prevista na lei.

I. A Importância da Distinção entre Dados Pessoais e Dados Pessoais Sensíveis

A distinção entre dados pessoais e dados pessoais sensíveis é essencial para estabelecer os limites adequados para o tratamento de informações pessoais e garantir a privacidade e a segurança dos titulares dos dados. Ao diferenciar essas duas categorias, a LGPD possibilita uma abordagem mais cuidadosa e cautelosa em relação aos dados sensíveis, reconhecendo a sua natureza mais delicada e a necessidade de protegê-los com maior rigor.

Ademais, essa distinção também permite que as empresas e organizações sejam mais transparentes e responsáveis em relação ao tratamento de dados, garantindo que os titulares tenham ciência de como suas informações estão sendo utilizadas e possam exercer seus direitos de controle e proteção sobre seus dados pessoais.

II. Desafios para a Proteção de Dados Pessoais e Dados Pessoais Sensíveis

A proteção de dados pessoais e dados pessoais sensíveis apresenta diversos desafios para empresas e organizações. Entre eles, podemos destacar:

a. Segurança da Informação

Garantir a segurança dos dados pessoais e sensíveis é um desafio constante, considerando a crescente sofisticação de ciber ataques e ameaças virtuais. É fundamental que as empresas adotem medidas técnicas e organizacionais para proteger essas informações contra acesso não autorizado e incidentes de segurança.

b. Consentimento e Transparência

Obter o consentimento adequado para o tratamento de dados pessoais sensíveis é um desafio específico, uma vez que esse tipo de informação é especialmente delicado. As empresas precisam ser transparentes e fornecer informações claras sobre a finalidade e a base legal do tratamento dessas informações, garantindo que o consentimento seja obtido de forma expressa, específica e informada.

c. Responsabilidade e Prestação de Contas

A LGPD impõe a responsabilidade das empresas pelo tratamento adequado de dados pessoais e sensíveis. As organizações devem adotar políticas e procedimentos internos para assegurar a conformidade com a legislação e estar preparadas para prestar contas perante a ANPD e os titulares dos dados.

d. Sensibilização e Treinamento

A conscientização dos colaboradores sobre a importância da proteção de dados é um desafio relevante. A falta de compreensão sobre a LGPD e suas implicações pode levar a práticas inadequadas de tratamento de dados e aumentar os riscos de violações de privacidade.

e. Cooperação com a Autoridade de Proteção de Dados

A LGPD estabelece que a Autoridade Nacional de Proteção de Dados (ANPD) é responsável por fiscalizar o cumprimento da legislação e aplicar sanções em caso de descumprimento. As empresas devem cooperar com a ANPD, fornecendo informações e esclarecimentos quando solicitados, para demonstrar sua conformidade e evitar possíveis penalidades.

A distinção entre dados pessoais e dados pessoais sensíveis emerge como um aspecto fundamental da LGPD, desempenhando um papel crucial na salvaguarda da privacidade, na promoção da segurança e no garantir do tratamento adequado das informações pessoais. À medida que empresas e organizações se deparam com desafios significativos na busca por conformidade com a legislação, é imperativo que se engajem em ações concretas, com agentes bem definidos, de modo a efetivamente efetivar uma cultura de proteção responsável dos dados.

Nesse contexto, a conscientização dos colaboradores emerge como uma ação primordial. Através de programas educacionais e treinamentos especializados, as empresas podem capacitar seus funcionários para compreender plenamente as implicações da LGPD e os procedimentos necessários para o cumprimento integral da lei. Este é o agente de mudança que, de forma consciente e informada, irá adotar medidas proativas na proteção dos dados.

Além disso, a adoção de políticas internas específicas é essencial. Através da criação de diretrizes claras e direcionadas, as organizações podem estabelecer um quadro regulamentar sólido para o tratamento de dados, delineando responsabilidades e procedimentos que devem ser seguidos por todos os colaboradores. Isso não apenas orienta as ações, mas também estabelece um padrão de comportamento coerente em relação à proteção de dados.

A transparência no tratamento de dados é uma ação que não pode ser negligenciada. As empresas devem se esforçar para comunicar de maneira clara e eficaz com os titulares dos dados, explicando a finalidade da coleta e do processamento, bem como a base legal que a fundamenta. Esse modo de operação, baseado em transparência, constrói uma relação de confiança entre a organização e seus clientes e colaboradores, demonstrando um compromisso inabalável com a proteção dos direitos dos titulares dos dados.

O consentimento adequado dos titulares, obtido de forma expressa, específica e informada, constitui uma ação crítica na conformidade com a LGPD. As empresas devem buscar o consentimento de forma clara, garantindo que os titulares compreendam totalmente como suas informações serão usadas. Essa ação, quando efetuada de maneira adequada, garante que o tratamento de dados sensíveis seja realizado de acordo com os mais altos padrões éticos e legais.

Por fim, a cooperação com a Autoridade Nacional de Proteção de Dados (ANPD) emerge como um efeito desejado dessas ações. Ao fornecer informações e esclarecimentos quando solicitados, as empresas demonstram sua conformidade e comprometimento com a lei, evitando possíveis penalidades. Essa colaboração ativa com a ANPD reforça ainda mais a cultura de responsabilidade na proteção de dados e promove um ambiente de respeito à privacidade.

Em resumo, a distinção entre dados pessoais e dados pessoais sensíveis é um pilar central da LGPD, exigindo ações concretas, agentes dedicados, modos de operação claros, efeitos tangíveis e um detalhamento minucioso dos procedimentos. Somente através dessa abordagem abrangente, as empresas podem garantir a conformidade com a legislação, construir uma cultura de respeito à privacidade e proteger efetivamente os direitos dos titulares dos dados, estabelecendo, assim, uma base sólida para a confiança de seus clientes e colaboradores.

2.4 Dados Pseudonimizados e Dados Anônimos

A Lei Geral de Proteção de Dados (LGPD) trouxe mudanças significativas na forma como as empresas e organizações lidam com informações pessoais dos indivíduos. Uma das questões cruciais nesse contexto é a distinção entre dado pseudonimizado e dado anônimo. Compreender essa diferença é fundamental para a adequada aplicação da LGPD, já que o tratamento de cada tipo de dado é regido por regras distintas. Neste artigo, exploraremos o que são dados pseudonimizados e dados anônimos, discutindo por que o último está isento das regulamentações da LGPD.

a. Dado Pseudonimizado

O dado pseudonimizado é um conceito essencial na LGPD. Trata-se de informações pessoais que foram processadas de forma a dificultar a identificação direta do indivíduo a quem se referem. Isso é alcançado substituindo dados identificativos, como nomes e números de identificação, por códigos ou pseudônimos. Essa técnica visa a proteger a privacidade dos titulares dos dados, tornando mais difícil o rastreamento de informações pessoais sem o uso de chaves específicas.

A pseudonimização é uma prática recomendada sob a LGPD, pois permite que as organizações usem dados pessoais para fins específicos, como análise de mercado ou pesquisa, enquanto minimizam os riscos de violação de privacidade. É importante ressaltar, no entanto, que a pseudonimização não elimina todos os riscos, uma vez que ainda é possível, em teoria, reverter o processo e identificar os titulares dos dados.

b. Dado Anônimo

A diferença crucial entre dado pseudonimizado e dado anônimo reside na irreversibilidade da última categoria. Um dado é considerado anônimo quando não é possível identificar o titular dos dados, mesmo usando todas as técnicas e recursos disponíveis. Isso significa que não há maneira de restaurar os dados a seu estado original para identificar um indivíduo específico. Em outras palavras, o dado anônimo está totalmente desvinculado de qualquer pessoa.

A LGPD, em consonância com outros regulamentos de privacidade, estabelece que o dado anônimo não está sujeito às suas regulamentações. Isso ocorre porque, se os dados não podem ser relacionados a um indivíduo específico, não há risco de violação da privacidade ou de uso indevido das informações. No entanto, a questão da anonimização adequada é crucial aqui. Se os dados não forem verdadeiramente anônimos, mas apenas pseudonimizados, a LGPD ainda se aplicará.

I. A Importância da Anonimização Adequada

A distinção entre dado pseudonimizado e dado anônimo enfatiza a importância de garantir que a anonimização seja realizada de maneira adequada. A mera substituição de nomes por códigos não é suficiente para transformar dados pessoais em dados anônimos. É necessário implementar técnicas avançadas que tornem impossível qualquer reversão. Um exemplo prático disso é a remoção de informações-chave que poderiam permitir a identificação de um indivíduo, mesmo com o uso de recursos adicionais. Além disso, é crucial considerar a agregação de dados, onde os dados são combinados com outros de forma a obscurecer qualquer ligação a um indivíduo específico.

II. Os Benefícios do Dado Anônimo na Era da Privacidade Digital

Na era da privacidade digital, o dado anônimo desempenha um papel fundamental. Ele permite que as organizações continuem a realizar análises de dados e pesquisas valiosas, mantendo a conformidade com a LGPD e outros regulamentos de proteção de dados. Isso é especialmente relevante para empresas que dependem de insights baseados em dados para melhorar seus produtos e serviços, bem como para fins de tomada de decisão estratégica.

Além disso, o uso de dados anônimos pode contribuir para uma maior confiança do público em relação às organizações que coletam e processam informações pessoais. Os indivíduos têm preocupações legítimas sobre a privacidade de seus dados, e a garantia de que seus dados são verdadeiramente anônimos pode ajudar a mitigar essas preocupações.

III. Desafios na Anonimização de Dados

Embora a anonimização de dados ofereça inúmeras vantagens, não é uma tarefa simples de ser realizada. Existem desafios significativos associados a esse processo, incluindo:

a. Reidentificação

Mesmo com a anonimização adequada, ainda existe o risco de reidentificação, especialmente quando combinamos dados de várias fontes. Portanto, é necessário implementar medidas adicionais para minimizar esse risco.

b. Preservação da Utilidade

Às vezes, a anonimização pode ser tão rigorosa que os dados perdem sua utilidade para análise. Encontrar o equilíbrio certo entre anonimização e utilidade é um desafio.

c. Custos e Recursos

A implementação eficaz da anonimização de dados pode exigir investimentos significativos em termos de tempo e recursos. As organizações devem estar dispostas a fazer esse compromisso.

d. Legislação Internacional

À medida que as empresas operam globalmente, também enfrentam o desafio de cumprir diferentes regulamentações de privacidade de dados em várias jurisdições. As diferenças nas definições e exigências de anonimização podem criar complexidades adicionais.

IV. Técnicas Avançadas de Anonimização de Dados

Para enfrentar os desafios mencionados e garantir a conformidade com a LGPD, as organizações podem recorrer a técnicas avançadas de anonimização de dados. Algumas dessas técnicas incluem:

a. Generalização

A generalização envolve a substituição de valores específicos em um conjunto de dados por categorias mais amplas. Por exemplo, substituir idades exatas por faixas etárias.

b. Supressão

A supressão envolve a remoção completa de certos dados de um conjunto, quando sua reidentificação é um risco alto.

c. Mistura de Dados

Essa técnica combina dados de diferentes fontes para tornar difícil a associação de informações a um indivíduo específico.

d. Amostragem Aleatória

Em alguns casos, é possível realizar uma amostragem aleatória dos dados, tornando mais difícil a identificação de indivíduos.

e. Perturbação de Dados

A perturbação envolve a introdução de ruído ou imprecisão nos dados, dificultando a correlação com informações pessoais.

f. Técnicas de Hashing

O uso de funções de hash criptográficas pode ser aplicado para criar pseudônimos irreversíveis.

A distinção entre dado pseudonimizado e dado anônimo desempenha um papel crítico na aplicação da LGPD. Enquanto o dado pseudonimizado ainda está sujeito a regulamentações rigorosas, o dado anônimo está isento, desde que seja verdadeiramente irreversível.

Para garantir a conformidade com a LGPD e proteger a privacidade dos indivíduos, as organizações devem adotar práticas robustas de anonimização de dados, investir em treinamento e educação, realizar auditorias de privacidade e, acima de tudo, adotar uma cultura de respeito à privacidade em toda a organização.

O agente responsável por garantir a conformidade com a LGPD é a própria organização que coleta e processa os dados pessoais. Essa ação deve ser realizada de maneira meticulosa, com a implementação de técnicas adequadas de anonimização e a consideração cuidadosa dos desafios envolvidos. O efeito desejado é a proteção da privacidade dos indivíduos, a confiança do público e a utilização responsável dos dados pessoais. Portanto, é essencial que as organizações levem a sério suas responsabilidades no tratamento de dados pessoais e ajam de maneira ética e legal.

CAPÍTULO 3

PRINCÍPIOS E BASES LEGAIS

3.1 Princípios

A Lei Geral de Proteção de Dados Pessoais (LGPD), promulgada no Brasil em 2018, estabeleceu um marco legal abrangente e robusto para a proteção dos dados pessoais no país. Com o objetivo de garantir a privacidade, a segurança e a transparência no tratamento dessas informações, a LGPD define uma série de princípios que orientam empresas, organizações e órgãos governamentais em suas atividades de coleta e processamento de dados. Neste capítulo, exploraremos detalhadamente os princípios fundamentais da LGPD, discutindo suas implicações e relevância na promoção de uma cultura de proteção responsável dos dados pessoais.

No que diz respeito aos princípios da LGPD, é importante destacar a relação intrínseca entre eles, uma vez que cada princípio complementa e fortalece os demais, resultando em um conjunto de diretrizes sólidas para o tratamento de dados pessoais no Brasil.

a. Princípio da Boa-fé

O princípio da boa-fé é a base para a aplicação dos demais princípios da LGPD. Ele exige que os agentes de tratamento ajam com transparência, lealdade e honestidade em relação aos titulares dos dados. Isso significa que as empresas e organizações devem tratar as informações pessoais de forma justa e ética, evitando qualquer tipo de manipulação ou engano. A boa-fé também envolve o dever de informar os titulares sobre a coleta e o uso de seus dados, garantindo que eles estejam cientes e consentem de forma livre e esclarecida. Portanto, a boa-fé é o alicerce sobre o qual os demais princípios da LGPD são construídos, assegurando a confiança e a integridade no tratamento de dados pessoais.

b. Princípio da Finalidade

O princípio da finalidade estabelece que os dados pessoais devem ser coletados e tratados para propósitos específicos, legítimos e informados aos titulares. Isso significa que as organizações não podem utilizar os dados para fins diferentes daqueles informados inicialmente. Além disso, a finalidade deve ser determinada de forma clara e precisa, garantindo que os dados não sejam utilizados de maneira excessiva ou inadequada. A aplicação deste princípio implica em estabelecer políticas internas que detalhem as finalidades do tratamento de dados, possibilitando uma gestão mais responsável e transparente das informações pessoais. O princípio da finalidade assegura que as empresas e organizações utilizem os dados pessoais de maneira direcionada e informada, evitando desvios de propósito que possam comprometer a privacidade dos titulares.

c. Princípio da Adequação

O princípio da adequação determina que o tratamento de dados pessoais deve ser compatível com a finalidade para a qual foram coletados. Isso significa que as organizações devem utilizar apenas os dados necessários e relevantes para atingir os objetivos estabelecidos.

Evitar a coleta excessiva de informações é essencial para proteger a privacidade dos titulares e reduzir os riscos de acesso não autorizado. Além disso, a adequação também envolve garantir que os dados sejam atualizados e corretos, de modo a evitar tratamentos baseados em informações desatualizadas ou imprecisas. O princípio da adequação assegura que o tratamento de dados seja proporcional e alinhado com os propósitos definidos, minimizando o risco de uso indevido ou excessivo das informações pessoais.

d. Princípio da Necessidade

O princípio da necessidade está relacionado ao conceito de minimização de dados. Ele estabelece que a coleta e o tratamento de dados pessoais devem ser limitados ao mínimo necessário para atingir a finalidade pretendida. Isso implica em restringir o acesso a informações sensíveis e utilizar apenas as informações estritamente relevantes para a atividade em questão. A adoção deste princípio é fundamental para garantir a eficiência e a segurança no tratamento dos dados, bem como para proteger os titulares contra o uso indevido de suas informações. Assim, o princípio da necessidade busca garantir que somente as informações essenciais sejam tratadas, reduzindo os riscos de exposição e protegendo a privacidade dos titulares.

e. Princípio do Livre Acesso

O princípio do livre acesso assegura que os titulares dos dados tenham o direito de consultar de forma gratuita e facilitada sobre a existência de tratamento de seus dados. Esse acesso deve ser disponibilizado de forma clara e acessível, permitindo que os titulares saibam quais informações estão sendo tratadas e para quais finalidades. Além disso, os titulares têm o direito de obter informações sobre a origem dos dados e as entidades com as quais eles são compartilhados. A transparência nesse aspecto é fundamental para empoderar os titulares e fortalecer sua capacidade de exercer controle sobre suas informações pessoais. O princípio do livre acesso empodera os titulares, permitindo que eles monitorem o tratamento de seus dados, promovendo uma relação transparente e de confiança com as organizações.

f. Princípio da Prevenção

O princípio da prevenção estabelece que as empresas e organizações devem adotar medidas preventivas para evitar danos aos titulares dos dados. Isso inclui a implementação de medidas técnicas e organizacionais que garantam a segurança dos dados, bem como a adoção de políticas de privacidade e treinamentos para os funcionários. A prevenção de incidentes de segurança é essencial para minimizar riscos e proteger a confidencialidade, integridade e disponibilidade das informações pessoais. Dessa forma, o princípio da prevenção busca garantir a segurança dos dados pessoais, prevenindo potenciais incidentes que possam comprometer a privacidade e a integridade das informações.

g. Princípio da Qualidade dos Dados

O princípio da qualidade dos dados estabelece que os dados pessoais devem ser precisos, atualizados e completos, de acordo com a finalidade para a qual foram coletados. Isso significa que as organizações devem se esforçar para manter os dados corretos e atualizados, permitindo que os titulares exerçam seus direitos de acesso e retificação. Além disso, a adoção deste princípio é fundamental para garantir a eficácia das atividades de tratamento de dados e evitar prejuízos decorrentes de informações incorretas ou desatualizadas. O princípio da qualidade dos dados assegura a precisão e a confiabilidade das informações pessoais, permitindo que os titulares tenham confiança na precisão de seus dados e possam corrigir informações incorretas, quando necessário.

h. Princípio da Transparência

O princípio da transparência exige que as organizações forneçam informações claras, precisas e acessíveis aos titulares dos dados sobre o tratamento de suas informações pessoais. Isso inclui a divulgação de políticas de privacidade, termos de uso e informações sobre o exercício dos direitos dos titulares. A transparência é essencial para que os titulares compreendam como suas informações são utilizadas, possibilitando que eles tomem decisões informadas sobre o compartilhamento de seus dados. O princípio da transparência promove a confiança entre as partes envolvidas, garantindo que os titulares dos dados tenham conhecimento claro sobre como suas informações são tratadas.

i. Princípio da Segurança

O princípio da segurança determina que as organizações devem adotar medidas técnicas e organizacionais adequadas para proteger os dados pessoais contra acesso não autorizado, destruição, perda, alteração ou qualquer forma de tratamento inadequado. A implementação de sistemas de segurança e criptografia, a definição de controles de acesso e a adoção de políticas de proteção de dados são exemplos de medidas que podem ser adotadas para garantir a segurança das informações pessoais. O princípio da segurança é essencial para proteger os dados pessoais contra ameaças cibernéticas e outros riscos, garantindo a confidencialidade e a integridade das informações.

j. Princípio da Não Discriminação

O princípio da não discriminação estabelece que o tratamento de dados pessoais não pode ser utilizado como meio de discriminação, exclusão ou restrição de direitos dos titulares. As informações pessoais não devem ser utilizadas para fins discriminatórios, como a criação de perfis que resultem em tratamento desigual ou preconceituoso. É importante que as empresas e organizações se atentem a esse princípio, promovendo a igualdade e a não discriminação no tratamento dos dados. O princípio da não discriminação protege os titulares contra o uso indevido de seus dados para fins discriminatórios, reforçando a igualdade e a equidade no tratamento das informações pessoais.

k. Princípio da Responsabilização e Prestação de Contas

O princípio da responsabilização e prestação de contas estabelece que as organizações devem ser responsáveis pelo tratamento de dados pessoais e devem estar aptas a comprovar sua conformidade com a LGPD. Isso implica em manter registros das atividades de tratamento de dados, garantindo a rastreabilidade das ações realizadas. Além disso, as empresas devem adotar políticas e procedimentos internos que demonstrem seu compromisso com a proteção dos dados pessoais, possibilitando a prestação de contas perante a ANPD e os titulares dos dados. O princípio da responsabilização e prestação de contas estabelece a importância da transparência e da documentação adequada das práticas de tratamento de dados, permitindo a verificação e a responsabilização por parte das autoridades e dos titulares.

Os princípios estabelecidos pela Lei Geral de Proteção de Dados Pessoais (LGPD) no Brasil desempenham um papel crucial na criação de um ambiente digital que valoriza a privacidade, a segurança e a transparência. Cada um desses princípios, desde a boa-fé até a responsabilização e prestação de contas, contribui para a construção de uma estrutura robusta que protege os direitos e as informações pessoais dos cidadãos.

Ao seguir esses princípios, as empresas e organizações podem estabelecer uma cultura de respeito à privacidade e à ética no tratamento de dados. Isso não apenas fortalece a confiança

dos titulares dos dados, mas também melhora a reputação das organizações, que são percebidas como responsáveis e comprometidas com a proteção das informações pessoais.

No entanto, a aderência aos princípios da LGPD não é apenas uma questão de ética, mas também de conformidade legal. O não cumprimento desses princípios pode resultar em sanções e penalidades severas. Portanto, a implementação eficaz dos princípios é essencial para evitar implicações legais negativas e para garantir que as organizações estejam em conformidade com a legislação de proteção de dados.

A responsabilidade de implementar e aderir aos princípios da LGPD recai sobre todas as partes envolvidas, sejam empresas, organizações ou órgãos governamentais. É um esforço conjunto que exige comprometimento e colaboração. Além disso, é necessário investimento em medidas técnicas e organizacionais que garantam a segurança dos dados pessoais, a transparência nas práticas de tratamento e a capacidade de prestar contas em caso de questionamentos.

Em última análise, a adoção e a aplicação rigorosa dos princípios da LGPD não apenas cumprem com os requisitos legais, mas também contribuem para a construção de uma sociedade digital mais ética, justa e segura. Quando os direitos dos titulares dos dados são protegidos e respeitados, a confiança no ambiente digital aumenta, beneficiando todos os envolvidos.

3.2. Bases legais

A Lei Geral de Proteção de Dados Pessoais (LGPD) estabelece um conjunto de bases legais que fundamentam o tratamento de dados pessoais no Brasil. Nesse sentido, essas bases são os alicerces jurídicos que permitem a coleta, o processamento e o compartilhamento de informações pessoais de forma lícita e legítima. Neste artigo, exploraremos detalhadamente as principais bases legais da LGPD, discutindo sua importância e implicações na proteção dos direitos dos titulares de dados.

a. Consentimento do Titular

O consentimento do titular é uma das bases legais mais conhecidas e amplamente utilizadas. Por conseguinte, ele ocorre quando o titular dos dados autoriza de forma livre, específica e informada o tratamento de suas informações pessoais para uma finalidade determinada. É importante que o consentimento seja obtido por meio de uma manifestação clara e inequívoca do titular, permitindo que ele tenha ciência do que está sendo solicitado e possa exercer seu poder de escolha. É fundamental que o consentimento seja revogável a qualquer momento, possibilitando ao titular retirar sua autorização caso deseje interromper o tratamento de seus dados. Além disso, o consentimento deve ser solicitado de forma destacada, não podendo estar embutido em textos longos e confusos. Dessa maneira, ao adotar o consentimento como base legal, as empresas e organizações devem garantir que as informações sobre a finalidade do tratamento sejam claras e acessíveis, permitindo que o titular compreenda o que está sendo solicitado antes de dar seu consentimento.

b. Cumprimento de Obrigação Legal ou Regulatória

A base legal do cumprimento de obrigação legal ou regulatória ocorre quando o tratamento de dados é necessário para o atendimento de uma obrigação estabelecida por lei ou por órgão regulador. Nesse caso, não é necessária a obtenção de consentimento do titular, uma vez que o tratamento é realizado para o cumprimento de uma determinação legal.

Por exemplo, uma empresa pode tratar os dados de seus funcionários para cumprir obrigações trabalhistas e previdenciárias impostas pela legislação vigente. Além disso, órgãos governamentais podem coletar informações pessoais para fins de prestação de serviços públicos ou cumprimento de políticas públicas.

c. Exercício Regular de Direitos

O tratamento de dados com base no exercício regular de direitos ocorre quando uma empresa ou organização precisa tratar as informações pessoais para o cumprimento de obrigações relacionadas aos direitos do titular.

Por exemplo, um banco pode tratar os dados de seus clientes para atender a solicitações de acesso, retificação ou exclusão de informações, conforme previsto na LGPD. Essa base legal permite que os titulares exerçam seus direitos sem a necessidade de fornecer um novo consentimento específico para cada solicitação.

d. Execução ou Criação de Contrato

A base legal da execução ou criação de contrato ocorre quando o tratamento de dados é necessário para a celebração ou cumprimento de um contrato do qual o titular é parte. Nesse caso, o tratamento é realizado com o objetivo de viabilizar a relação contratual entre as partes, e o consentimento do titular não é exigido.

Por exemplo, uma empresa de e-commerce pode tratar os dados de seus clientes para efetuar a entrega de produtos adquiridos, o que é essencial para a execução do contrato de compra e venda.

e. Legítimo Interesse

O legítimo interesse é uma base legal que permite o tratamento de dados pessoais quando ele é necessário para atender aos interesses legítimos do controlador ou de terceiros. No entanto, esses interesses devem ser equilibrados com os direitos e liberdades fundamentais dos titulares, garantindo que não haja prejuízo ou desvantagem injusta para eles. Para utilizar o legítimo interesse como base legal, é preciso realizar uma análise de impacto sobre os direitos e liberdades dos titulares, considerando fatores como a natureza dos dados, a finalidade do tratamento, o contexto em que ocorre, entre outros aspectos relevantes.

f. Tutela da Saúde

A base legal da tutela da saúde permite o tratamento de dados pessoais para a proteção da saúde do titular ou de terceiros. Ela abrange situações em que o tratamento de informações é necessário para a prevenção, diagnóstico, tratamento, reabilitação ou monitoramento da saúde.

Por exemplo, um hospital pode tratar os dados de seus pacientes para o correto diagnóstico e tratamento de doenças, visando à proteção da saúde dos indivíduos envolvidos.

g. Proteção da Vida

A base legal da proteção da vida permite o tratamento de dados pessoais quando ele é essencial para a proteção da vida do titular ou de terceiros. Essa base abrange situações em que o tratamento é necessário para evitar riscos à vida, à integridade física ou à saúde do titular ou de outras pessoas.

Por exemplo, uma instituição de segurança pública pode tratar dados pessoais para prevenir ou investigar ameaças à vida de indivíduos ou ações criminosas que possam causar danos irreparáveis.

h. Proteção do Crédito

A base legal da proteção do crédito permite o tratamento de dados pessoais quando ele é necessário para a realização de análise de crédito e concessão de crédito ao titular. Isso ocorre em situações em que a empresa precisa avaliar a capacidade de pagamento do titular para a concessão de crédito ou a manutenção de uma relação financeira.

Por exemplo, um banco pode tratar os dados financeiros de seus clientes para avaliar sua capacidade de pagamento e conceder empréstimos ou linhas de crédito.

i. Execução de Políticas Públicas

A base legal da execução de políticas públicas permite o tratamento de dados pessoais quando ele é necessário para o cumprimento de uma função pública ou para o exercício de competência legal do controlador. Nesse contexto, essa base abrange situações em que órgãos públicos ou entidades governamentais tratam dados pessoais para a execução de políticas, programas ou ações governamentais em benefício da sociedade como um todo.

j. Realização de Estudos por Órgão de Pesquisa

A base legal da realização de estudos por órgão de pesquisa permite o tratamento de dados pessoais quando ele é necessário para a realização de pesquisas acadêmicas, científicas ou estatísticas. Assim sendo, essa base abrange situações em que instituições de pesquisa, universidades ou órgãos governamentais tratam dados pessoais para a obtenção de informações estatísticas, o desenvolvimento de pesquisas ou a geração de conhecimento científico.

Em um cenário marcado pela crescente digitalização e interconexão de informações, as bases legais estabelecidas pela Lei Geral de Proteção de Dados Pessoais (LGPD) se revelam como pilares fundamentais para assegurar a legalidade, a ética e a transparência no tratamento de dados pessoais. No decorrer deste artigo, exploramos minuciosamente essas bases legais, discutindo sua importância e implicações na proteção dos direitos dos titulares de dados.

À medida que as empresas, organizações e órgãos governamentais adotam e aplicam devidamente essas bases legais, elas podem garantir que suas atividades de coleta, processamento e compartilhamento de informações pessoais estejam em plena conformidade com a legislação vigente. Ao fazê-lo, estão também demonstrando um compromisso sólido com a preservação dos direitos individuais e a privacidade dos cidadãos.

No entanto, a importância das bases legais da LGPD transcende a mera conformidade legal. A correta aplicação dessas bases é essencial para evitar sanções e penalidades severas decorrentes do descumprimento da legislação, o que, por sua vez, pode abalar a confiança dos titulares de dados e prejudicar a reputação das instituições. Afinal, a proteção dos dados pessoais não é apenas uma obrigação legal, mas também uma demonstração de responsabilidade e respeito pelo público que confia suas informações às organizações.

Dentro desse contexto, torna-se imperativo que as empresas e organizações realizem análises criteriosas das bases legais aplicáveis a cada atividade de tratamento de dados. Essa diligência é essencial para assegurar que tais atividades estejam plenamente alinhadas com os princípios da LGPD, respeitando os direitos dos titulares de informações pessoais. Isso envolve não apenas o conhecimento das bases legais, mas também a implementação de políticas e práticas que garantam a proteção, a privacidade e a segurança dos dados.

Ao adotar essa abordagem, as instituições estão construindo uma cultura de proteção responsável dos dados, que não apenas cumpre com as obrigações legais, mas também promove valores essenciais, como a privacidade, a segurança e a dignidade dos indivíduos. Essa cultura não apenas fortalece a relação de confiança com os titulares de dados, mas também contribui para um ambiente digital mais seguro e ético, onde a integridade das informações pessoais é valorizada e preservada.

Portanto, à medida que enfrentamos os desafios de um mundo cada vez mais digital e interconectado, lembramos que as bases legais da LGPD são o alicerce sobre o qual podemos construir uma sociedade onde a proteção dos dados pessoais é uma prioridade, garantindo assim um ambiente mais justo e respeitoso para todos. É responsabilidade de todos nós, como agentes na era digital, promover o tratamento responsável de dados pessoais e preservar os princípios democráticos de privacidade e liberdade em nosso mundo cada vez mais orientado pela tecnologia.

Os princípios da LGPD não são apenas diretrizes regulatórias, são a essência da confiança e do respeito à privacidade.

Ao aplicar esses princípios, não apenas garantimos a conformidade nas instituições, mas também construímos um alicerce sólido para um futuro mais seguro e respeitoso, onde a proteção de dados se torna parte fundamental de nossas vidas.

As bases legais da LGPD são os fundamentos que sustentam a proteção de dados nas instituições e na vida dos cidadãos. Ao compreender e aplicar essas bases, não estamos apenas cumprindo uma obrigação legal, estamos construindo uma sociedade onde a privacidade e a segurança dos dados são valores centrais. Elas não apenas orientam as organizações, mas também promovem um futuro mais protegido e respeitoso para todos.

CAPÍTULO 4

TITULARES DE DADOS

4.1 O que é Titular de Dados?

Em termos simples, o Titular de Dados é a pessoa a quem os dados se referem, ou seja, a pessoa física que é o objeto das informações que estão sendo coletadas, processadas e armazenadas. Em um mundo cada vez mais digitalizado, você, eu e todos que fornecem informações pessoais a empresas ou organizações somos Titulares de Dados.

Por exemplo, quando você faz uma compra online e precisa fornecer seu nome, endereço e número de cartão de crédito, você se torna o Titular de Dados nesse contexto. Suas informações estão sendo coletadas e tratadas, e é seu direito fundamental garantir que isso seja feito de forma apropriada e que seus direitos sejam respeitados.

I. Direitos dos titulares de dados

A Lei Geral de Proteção de Dados (LGPD) representa um marco importante na legislação brasileira, sendo criada com o objetivo primordial de assegurar a privacidade, a segurança e o controle dos dados pessoais dos cidadãos do país.

Para alcançar esse propósito, a LGPD estabelece diversos pilares e princípios que regem o tratamento de informações pessoais. Um dos pilares fundamentais que merece destaque encontra-se nos direitos conferidos aos titulares, delineados a partir do Artigo 17 da referida lei, vejamos.

a. Confirmação da Existência de Tratamento: O titular tem o direito de obter a confirmação de que seus dados pessoais estão sendo tratados pelas empresas ou organizações.

b. Acesso aos Dados: O titular tem o direito de acessar seus dados pessoais que estão sendo tratados. Esse direito permite que o titular saiba quais informações estão sendo coletadas e como estão sendo utilizadas.

c. Correção de Dados Incompletos, Inexatos ou Desatualizados: O titular tem o direito de solicitar a correção de dados pessoais que estejam incompletos, inexatos ou desatualizados.

d. Anonimização, Bloqueio ou Eliminação de Dados Desnecessários, Excessivos ou Tratados em Desacordo com a LGPD: O titular tem o direito de solicitar a anonimização, o bloqueio ou a eliminação de dados pessoais que sejam desnecessários, excessivos ou tratados em desacordo com a LGPD.

e. Portabilidade dos Dados: O titular tem o direito de solicitar a portabilidade dos seus dados pessoais para outro serviço ou empresa, desde que isso não afete os direitos e liberdades de terceiros.

f. Eliminação dos Dados Pessoais: O titular tem o direito de solicitar a eliminação de seus dados pessoais tratados com base no seu consentimento, exceto em situações em que a LGPD autoriza o tratamento desses dados mesmo sem o consentimento.

g. Informação sobre Compartilhamento de Dados com Terceiros: O titular tem o direito de ser informado sobre com quem seus dados pessoais estão sendo compartilhados e para qual finalidade.

h. Informação sobre a Possibilidade de Não Consentir e Sobre as Consequências do Consentimento: O titular tem o direito de ser informado sobre a possibilidade de não fornecer seu consentimento e sobre as consequências dessa decisão.

i. Revogação do Consentimento: O titular tem o direito de revogar seu consentimento a qualquer momento, desde que isso não impeça o cumprimento de obrigações legais.

j. Revisão de Decisões Automatizadas: O titular tem o direito de solicitar a revisão de decisões tomadas unicamente com base em tratamento automatizado de dados pessoais, quando essa decisão afetar seus interesses.

k. Oposição ao Tratamento: O titular tem o direito de se opor a determinado tratamento de seus dados pessoais, em casos de descumprimento da lei ou quando esse tratamento é realizado para fins de marketing direto.

4.2. A Importância dos Direitos do Titular na Proteção de Dados

Os direitos do titular têm uma importância fundamental na proteção dos dados pessoais e na promoção da privacidade e da transparência no tratamento de informações pessoais. Esses direitos garantem que as pessoas tenham o controle sobre seus dados, podendo conhecer quais informações estão sendo coletadas, para que finalidades estão sendo utilizadas e com quem estão sendo compartilhadas.

Além disso, os direitos do titular possibilitam que as pessoas corrijam informações incorretas, eliminem dados desnecessários ou em desacordo com a lei, solicitem a portabilidade de seus dados para outros serviços e revoguem seu consentimento a qualquer momento. Esses direitos empoderam os cidadãos a exercerem controle sobre suas informações pessoais, evitando o uso indevido ou abusivo dos dados por parte das empresas ou organizações.

Os direitos do titular também têm um papel educativo e sensibilizador, ao conscientizar as pessoas sobre a importância da proteção de dados e os seus direitos em relação ao tratamento das informações pessoais. Esses direitos incentivam as empresas a adotarem práticas de transparência e responsabilidade, garantindo que o tratamento de dados seja feito de forma ética e em conformidade com a LGPD.

4.3. O Exercício dos Direitos do Titular

Para exercer os direitos do titular, a LGPD estabelece que a empresa ou organização deve fornecer canais de atendimento simplificados e claros, de forma gratuita e acessível. O titular pode fazer sua solicitação por meio de um formulário, por e- mail, por telefone ou pessoalmente, e a empresa tem o prazo de até 15 dias para responder ao pedido.

Caso a empresa não atenda ao pedido do titular ou não forneça informações adequadas, o titular pode recorrer à Autoridade Nacional de Proteção de Dados (ANPD) para registrar sua reclamação e buscar a resolução do problema.

A implementação efetiva dos direitos do titular, conforme estabelecido a partir do Artigo 17 da LGPD, desempenha um papel crucial na salvaguarda da privacidade e do controle dos dados pessoais dos cidadãos brasileiros. Esses direitos representam a base sobre a qual os indivíduos podem exercer seu direito de ter autonomia sobre suas informações pessoais, permitindo-lhes, portanto, a capacidade de acessá-las, corrigi-las, eliminá-las, portá-las e revogar o consentimento a qualquer momento.

À medida que esses direitos se tornam uma realidade, empresas e organizações são incentivadas a adotar práticas que incorporam valores como transparência, ética e responsabilidade em todas as fases do tratamento de dados. Isso não apenas beneficia os indivíduos, mas também contribui significativamente para a construção de uma cultura sólida de privacidade e proteção de dados em solo brasileiro.

Por meio da garantia do cumprimento integral dos direitos do titular, a LGPD assume um papel de destaque na promoção da segurança e da confiança no manuseio das informações pessoais. Como resultado, a legislação desempenha um papel fundamental em consolidar o Brasil como uma nação que reconhece e valoriza profundamente a privacidade e os direitos dos seus cidadãos na era digital.

Essa proteção e respeito pelos dados pessoais estabelecem as bases para uma sociedade digital mais segura, ética e responsável, em que os indivíduos têm o poder de proteger seus próprios interesses e a confiança em como suas informações são tratadas. Portanto, é de suma importância que continuemos a fortalecer e aprimorar esses direitos do titular, garantindo que eles não sejam apenas uma promessa, mas uma realidade duradoura em nossa sociedade cada vez mais digitalizada

CAPÍTULO 5

TRATAMENTO DE DADOS PESSOAIS DE CRIANÇAS E ADOLESCENTES

Com o avanço tecnológico e a crescente digitalização da sociedade, a coleta e o tratamento de dados pessoais tornaram-se práticas comuns em diversos setores. Essa realidade é impulsionada pelo vasto leque de informações valiosas disponíveis na era digital, que são essenciais para empresas e instituições em suas estratégias de negócios, pesquisa e desenvolvimento. No entanto, à medida que a quantidade de dados pessoais coletados e processados aumenta exponencialmente, surgem preocupações legítimas em relação à privacidade e à segurança das informações. Essas preocupações atingem um ponto crítico quando se trata do tratamento de dados pessoais de crianças e adolescentes, um grupo vulnerável que exige uma atenção especial no cenário digital.

Nesse contexto, a Lei Geral de Proteção de Dados (LGPD), inspirada no Regulamento Geral de Proteção de Dados (GDPR) da União Europeia, desempenha um papel fundamental ao estabelecer diretrizes e disposições específicas para proteger os direitos dos menores de idade em relação ao tratamento de seus dados pessoais. A LGPD atua como um marco regulatório crucial, delineando as responsabilidades das empresas e instituições que coletam e processam informações de crianças e adolescentes, bem como as medidas necessárias para garantir a conformidade com as normas de privacidade e segurança.

Neste capítulo, nossa análise se aprofundará de forma detalhada no tratamento de dados pessoais de crianças e adolescentes, explorando os desafios complexos e as responsabilidades substanciais que recaem sobre as empresas e instituições nesse contexto. Além disso, examinaremos as ações que devem ser tomadas para assegurar o cumprimento efetivo das regulamentações de privacidade e segurança de dados em relação a esse grupo específico de indivíduos. Portanto, ao longo deste artigo, você encontrará uma análise minuciosa das implicações do tratamento de dados pessoais de crianças e adolescentes, considerando os modos pelos quais as empresas e instituições podem agir para alcançar um equilíbrio adequado entre a utilidade dos dados e a proteção dos direitos desses jovens cidadãos.

5.1. O Contexto do Tratamento de Dados Pessoais de Crianças e Adolescentes

É importante entender que o tratamento de dados pessoais é uma atividade que envolve a coleta, armazenamento, uso, compartilhamento e exclusão de informações que identificam ou tornam identificáveis indivíduos. Esse processo é especialmente relevante no contexto digital, onde empresas, redes sociais, aplicativos, escolas e outras instituições coletam uma grande quantidade de dados pessoais para diversas finalidades. Dentro desse cenário, crianças e adolescentes são usuários ativos da tecnologia e da internet, muitas vezes desde uma idade precoce.

Eles interagem com aplicativos, redes sociais e outros serviços online, fornecendo dados pessoais sem sempre compreender totalmente as implicações desse compartilhamento. Essa vulnerabilidade levou à necessidade de regulamentação específica para proteger os direitos dos menores de idade em relação ao tratamento de seus dados pessoais.

5.2. As Disposições da LGPD sobre o Tratamento de Dados de Crianças e Adolescentes

A LGPD estabelece regras específicas para o tratamento de dados pessoais de crianças e adolescentes, reconhecendo a importância de garantir a privacidade e a segurança desses indivíduos em um ambiente digital cada vez mais complexo.

a. Idade para Consentimento

Uma das principais disposições da LGPD é a exigência de consentimento específico e em destaque dos pais ou responsáveis legais para o tratamento de dados pessoais de crianças com idade inferior a 12 anos. Isso significa que empresas e instituições precisam obter a autorização expressa dos pais ou responsáveis antes de coletar, usar ou compartilhar os dados dessas crianças.

b. Consentimento Informado

Além da idade mínima para consentimento, a LGPD também destaca a importância de fornecer informações claras e compreensíveis para crianças e adolescentes sobre o tratamento de seus dados pessoais. As empresas devem explicar de forma acessível e adequada os fins e a forma como os dados serão utilizados, garantindo que os menores de idade tenham ciência das implicações do compartilhamento de suas informações.

c. Proteção Específica

A LGPD reconhece que crianças e adolescentes merecem proteção específica em relação ao tratamento de seus dados pessoais, devido à sua vulnerabilidade e à importância de preservar sua privacidade. Portanto, as empresas e instituições devem adotar medidas adequadas para garantir a segurança e a proteção dos dados desses indivíduos.

5.3. Desafios do Tratamento de Dados Pessoais de Crianças e Adolescentes

O tratamento de dados pessoais de crianças e adolescentes apresenta diversos desafios para empresas, instituições e autoridades de proteção de dados.

a. Consentimento e Capacidade de Compreensão

Obtendo o consentimento válido dos pais ou responsáveis legais para o tratamento de dados de crianças com idade inferior a 12 anos, é necessário que eles entendam os termos e condições do serviço, bem como os impactos do tratamento de dados. Isso requer esforços para tornar as informações claras e acessíveis, mesmo para os pais e responsáveis que podem não estar familiarizados com questões de privacidade digital.

b. Proteção da Privacidade

As empresas e instituições devem garantir que as informações coletadas de crianças e adolescentes sejam tratadas com cuidado e segurança. A proteção de dados é crucial para evitar vazamentos ou uso indevido das informações pessoais dos menores de idade.

c. Educação e Conscientização

É fundamental educar e conscientizar crianças, adolescentes, pais e responsáveis sobre os riscos e cuidados relacionados ao tratamento de dados pessoais. A educação digital deve fazer parte do processo educativo, capacitando as pessoas a tomar decisões informadas sobre a privacidade e o uso de seus dados pessoais.

5.4. Responsabilidades das Empresas e Instituições

As empresas e instituições que tratam dados pessoais de crianças e adolescentes têm a responsabilidade de cumprir as disposições da LGPD e garantir a proteção dos direitos desses indivíduos.

a. Transparência e Clareza

É fundamental fornecer informações claras e compreensíveis sobre o tratamento de dados, garantindo que crianças, adolescentes, pais e responsáveis estejam cientes de como as informações serão utilizadas.

b. Segurança e Privacidade

As empresas devem adotar medidas técnicas e organizacionais adequadas para proteger os dados pessoais dos menores de idade contra acesso não autorizado, perda, alteração ou destruição.

c. Consentimento Válido

O consentimento dos pais ou responsáveis para o tratamento de dados de crianças com idade inferior a 12 anos deve ser obtido de forma válida e específica para cada finalidade de uso.

d. Políticas de Privacidade e Proteção de Dados

As empresas devem desenvolver e implementar políticas de privacidade e proteção de dados, garantindo que todas as práticas de tratamento de informações pessoais estejam em conformidade com a LGPD.

Em conclusão, o tratamento de dados pessoais de crianças e adolescentes representa um desafio significativo que demanda atenção e ação efetiva na era digital. Como agentes responsáveis por essa tarefa delicada, as empresas e instituições devem adotar uma postura proativa, a fim de assegurar a proteção dos direitos e a privacidade desses jovens indivíduos.

Para alcançar esse objetivo, é imperativo que as empresas implementem medidas concretas de proteção de dados e adotem práticas que promovam a transparência, o respeito e a compreensão. Dessa forma, os pais, responsáveis e os próprios jovens podem estar plenamente conscientes dos riscos e benefícios associados ao tratamento de dados pessoais.

A proteção da privacidade das crianças e adolescentes, quando realizada com rigor e diligência, não apenas contribui para um ambiente digital mais seguro, mas também gera efeitos positivos mais amplos. Essa abordagem responsável promove a confiança dos usuários, fortalece a integridade das instituições envolvidas e, por conseguinte, contribui para uma sociedade digital mais ética e respeitosa.

Concluímos este capítulo com a certeza de que a proteção dos dados pessoais de crianças e adolescentes é uma missão que vai além da conformidade com a LGPD. É um ato de responsabilidade e cuidado para com as gerações futuras. Garantir a privacidade e a segurança dos jovens é construir alicerces sólidos para o mundo digital que eles herdarão, oferecendo um ambiente de confiança e respeito.

CAPÍTULO 6

TRANSFERÊNCIA INTERNACIONAL DE DADOS

A transferência internacional de dados é um tema crucial na era da globalização e da interconectividade. Com o avanço das tecnologias e a internacionalização das empresas, é comum que dados pessoais sejam compartilhados entre países para diversas finalidades. Nesse sentido, esse processo levanta preocupações em relação à privacidade e à segurança das informações dos cidadãos.

A Lei Geral de Proteção de Dados (LGPD), a partir do Artigo 33, estabelece diretrizes para a transferência de dados pessoais para o exterior, visando garantir a proteção dos dados dos cidadãos brasileiros e promover uma cultura de privacidade no contexto global. Dentro desse contexto, neste artigo, exploraremos em detalhes a transferência internacional de dados na LGPD, compreendendo suas definições, requisitos e os desafios enfrentados na proteção da privacidade em escala internacional.

6.1. O Contexto da Transferência Internacional de Dados

A transferência internacional de dados tornou-se uma prática recorrente no cenário atual, impulsionada pela globalização e pelas atividades transnacionais das empresas. Dados pessoais são frequentemente compartilhados entre diferentes jurisdições para fins comerciais, de pesquisa, para fornecimento de serviços e outros propósitos legítimos.

Entretanto, essa transferência de dados traz desafios em relação à proteção da privacidade e dos direitos dos titulares das informações. Cada país possui legislações diferentes em relação à proteção de dados, o que pode levar a lacunas na regulamentação e na fiscalização do tratamento das informações pessoais.

A LGPD, inspirada no Regulamento Geral de Proteção de Dados (GDPR) da União Europeia, aborda especificamente a questão da transferência internacional de dados, buscando garantir que as informações pessoais dos cidadãos brasileiros sejam tratadas de forma adequada e segura em nível global.

6.2. Definição de Transferência Internacional de Dados na LGPD

De acordo com o Artigo 33 da LGPD, a transferência internacional de dados é a comunicação, compartilhamento, acesso, consulta, utilização ou disponibilização de dados pessoais entre países.

Essa transferência pode ocorrer de diferentes maneiras, tais como o envio de informações para servidores localizados em outros países, o acesso remoto a dados por parte de empresas ou instituições estrangeiras ou o compartilhamento de informações com parceiros comerciais ou fornecedores internacionais.

6.3. Requisitos para a Transferência Internacional de Dados

A LGPD estabelece alguns requisitos que devem ser cumpridos pelas empresas ou organizações que desejam realizar transferências internacionais de dados. Com o objetivo de garantir que as informações pessoais dos titulares sejam tratadas de forma adequada e em conformidade com a legislação vigente.

a. Consentimento do Titular

A transferência internacional de dados só é permitida quando o titular dos dados der seu consentimento específico e informado para essa finalidade. Nesse sentido, o consentimento deve ser claro, livre e inequívoco, e o titular deve ser informado sobre os países para os quais seus dados serão transferidos.

b. Países com Adequação

A LGPD permite que os dados pessoais sejam transferidos para países que garantam um nível adequado de proteção de dados, ou seja, países que possuam legislação compatível com as normas da LGPD. A ANPD (Autoridade Nacional de Proteção de Dados) é responsável por estabelecer a lista de países considerados adequados para a transferência de dados.

c. Cláusulas Contratuais

Na ausência de países considerados adequados pela ANPD, as empresas que desejam realizar a transferência internacional de dados podem utilizar cláusulas contratuais específicas, com o intuito de garantir a proteção dos dados pessoais e assegurem que o tratamento seja realizado em conformidade com a LGPD.

d. Normas Corporativas Globais

Empresas ou grupos econômicos com presença global podem adotar normas corporativas globais, também conhecidas como Binding Corporate Rules (BCRs), que estabelecem diretrizes internas para o tratamento de dados pessoais em diferentes países. Essas normas devem ser aprovadas pela ANPD.

e. Autorização da ANPD

Caso não seja possível utilizar os mecanismos anteriores, a transferência internacional de dados só poderá ocorrer mediante autorização específica da ANPD. Nesse caso, a autoridade analisará a adequação das garantias oferecidas e poderá impor condições adicionais para a transferência.

6.4. Desafios na Transferência Internacional de Dados

A transferência internacional de dados enfrenta alguns desafios que podem dificultar a proteção global da privacidade. Dentre eles, podemos destacar:

a. Diferenças nas Legislações

Cada país possui sua própria legislação em relação à proteção de dados, o que pode resultar em divergências na forma como as informações pessoais são tratadas e protegidas. Isso pode resultar em lacunas na proteção da privacidade dos titulares e dificultar a aplicação uniforme das regras em escala global.

b. Fiscalização e Cooperação Internacional

A fiscalização do tratamento de dados em âmbito internacional pode ser um desafio, especialmente em relação às empresas que possuem presença em diversos países. Portanto, a cooperação entre as autoridades de proteção de dados de diferentes países é fundamental para garantir a proteção transfronteiriça dos dados pessoais.

c. Transferências sem Consentimento

Em alguns casos, as transferências internacionais de dados podem ocorrer sem o devido consentimento do titular, o que representa uma violação dos direitos e da privacidade das pessoas. É fundamental que as empresas respeitem os princípios da LGPD e obtenham o consentimento específico e informado dos titulares antes de realizar a transferência de dados.

d. Risco de Violação da Privacidade

A transferência internacional de dados pode envolver riscos de violação da privacidade dos titulares, especialmente quando os dados são enviados para países com legislação menos rigorosa em relação à proteção de dados. Nesses casos, é fundamental que as empresas adotem medidas de segurança adequadas para proteger as informações pessoais dos titulares.

A transferência internacional de dados é, indiscutivelmente, um dos desafios mais cruciais a serem abordados na era da globalização e da interconectividade. Neste contexto, a LGPD (Lei Geral de Proteção de Dados), em seu Artigo 33, emerge como um instrumento fundamental que estabelece diretrizes importantes para garantir que as informações pessoais dos cidadãos brasileiros sejam tratadas de forma adequada e segura em nível global.

No que diz respeito ao cumprimento dos requisitos para a transferência internacional de dados, tais como a obtenção do consentimento do titular, a utilização de cláusulas contratuais específicas ou a adoção de normas corporativas globais, torna- se evidente a possibilidade de promover a proteção da privacidade e dos direitos dos titulares em uma escala verdadeiramente internacional.

Entretanto, é imperativo reconhecer que ainda persistem desafios significativos a serem enfrentados. As divergências entre as legislações de diferentes países, a eficácia da fiscalização e a necessidade de uma cooperação internacional efetiva são alguns dos obstáculos que se apresentam. Além disso, há sempre o risco inerente de violação da privacidade quando os dados cruzam fronteiras.

Portanto, para garantir a efetiva proteção dos dados pessoais em âmbito global, é fundamental que as empresas e as autoridades de proteção de dados trabalhem em conjunto, adotando medidas de segurança robustas e respeitando rigorosamente os direitos dos titulares das informações.

CAPÍTULO 7

AGENTES DE TRATAMENTO DE DADOS E ENCARREGADO DE DADOS

A Lei Geral de Proteção de Dados Pessoais (LGPD) estabelece uma série de diretrizes e princípios para garantir a proteção e o tratamento adequado das informações pessoais no Brasil. No contexto da LGPD, dois atores fundamentais desempenham papéis distintos e complementares: o Controlador e o Operador. Neste artigo, exploraremos detalhadamente as responsabilidades e as atribuições desses agentes de tratamento, destacando sua importância na proteção dos direitos dos titulares de dados.

7.1. Controlador: O Responsável pelas Decisões

O Controlador é o protagonista central na definição das diretrizes e finalidades do tratamento de dados pessoais. Ele é a pessoa física ou jurídica que toma as decisões sobre o tratamento dos dados e assume a responsabilidade pela conformidade com a LGPD. É importante ressaltar que o Controlador pode ser uma empresa, uma organização, um órgão governamental ou até mesmo uma pessoa física, dependendo do contexto do tratamento de dados.

As atribuições do Controlador são amplas e envolvem:

a. Definição das Finalidades do Tratamento

Dessa forma, o Controlador deve determinar com clareza e precisão os propósitos para os quais os dados serão coletados e tratados. Essas finalidades devem ser informadas aos titulares de forma transparente e acessível.

b. Garantia do Consentimento

Quando o tratamento de dados pessoais depende do consentimento do titular, é responsabilidade do Controlador obter essa autorização de forma livre, específica e informada. O consentimento deve ser destacado, não podendo estar misturado com outros termos e condições.

c. Responsabilidade pela Segurança dos Dados

Além disso, o Controlador deve adotar medidas técnicas e organizacionais para proteger os dados pessoais contra acesso não autorizado, perda, destruição ou qualquer outra forma de tratamento inadequado.

d. Facilitação do Exercício dos Direitos dos Titulares

O Controlador deve possibilitar o exercício dos direitos dos titulares, como acesso, retificação, exclusão e portabilidade de dados. Isso inclui a disponibilização de canais de comunicação adequados para o atendimento das solicitações.

e. Responsabilização e Prestação de Contas

Por conseguinte, o Controlador deve manter registros das atividades de tratamento de dados e estar preparado para prestar contas à Autoridade Nacional de Proteção de Dados (ANPD) e aos titulares, demonstrando sua conformidade com a LGPD.

7.2. Operador: O Executor das Operações de Tratamento

O Operador é o agente que executa o tratamento de dados pessoais em nome do Controlador. Ele pode ser uma pessoa física ou jurídica que realiza as atividades de coleta, processamento e armazenamento dos dados, seguindo as orientações fornecidas pelo Controlador.

As atribuições do Operador incluem:

a. Cumprimento das Instruções do Controlador

O Operador deve tratar os dados de acordo com as orientações e instruções fornecidas pelo Controlador. Ele não pode utilizar as informações pessoais para fins diferentes daqueles estabelecidos pelo Controlador.

b. Segurança dos Dados

Assim como o Controlador, o Operador também é responsável por garantir a segurança dos dados pessoais, adotando medidas adequadas para protegê- los contra acessos não autorizados e riscos de incidentes de segurança.

c. Cooperação com o Controlador

O Operador deve cooperar com o Controlador, prestando informações e suporte necessários para que o Controlador possa cumprir com suas responsabilidades na proteção dos dados pessoais.

d. Responsabilidade Limitada

Vale destacar que o Operador é responsável apenas pelas operações de tratamento que lhe foram atribuídas pelo Controlador. Ele não possui controle sobre as finalidades do tratamento e não pode decidir sobre questões relacionadas ao tratamento de dados sem autorização expressa do Controlador.

e. Segurança e Confidencialidade

Ademais, o Operador deve zelar pela segurança e confidencialidade dos dados pessoais, garantindo que apenas as pessoas autorizadas tenham acesso às informações e que os dados não sejam compartilhados de forma indevida.

7.3. Relação entre o Controlador e o Operador: Contratos e Responsabilidades

A relação entre o Controlador e o Operador é fundamental para assegurar a conformidade com a LGPD e a proteção dos dados pessoais. É comum que empresas e organizações compartilhem informações com terceiros para realizar determinadas atividades, como processamento de folhas de pagamento, serviços de armazenamento em nuvem ou análise de dados. Nesses casos, é essencial que exista um contrato entre o Controlador e o Operador que estabeleça claramente as responsabilidades de cada parte.

Esse contrato, chamado de contrato de tratamento de dados, deve prever questões como:

a. Finalidades do Tratamento

O contrato deve detalhar as finalidades específicas para as quais os dados serão tratados pelo Operador, garantindo que ele esteja ciente dos propósitos e limites estabelecidos pelo Controlador.

b. Medidas de Segurança

O contrato deve estabelecer as medidas técnicas e organizacionais que o Operador deve adotar para proteger os dados pessoais.

Isso inclui a definição de padrões de segurança, procedimentos de resposta a incidentes, entre outros aspectos relevantes.

c. Confidencialidade

O contrato deve estabelecer a obrigação do Operador de manter a confidencialidade das informações pessoais, garantindo que ele não as divulgue ou compartilhe com terceiros sem autorização do Controlador.

d. Prazo de Retenção dos Dados

O contrato deve estabelecer o prazo pelo qual o Operador pode manter os dados pessoais em sua posse. Ao término do contrato ou do prazo estabelecido, o Operador deve devolver ou excluir os dados conforme as orientações do Controlador.

e. Cooperação e Suporte: O contrato deve estabelecer a obrigação do Operador de cooperar com o Controlador e prestar o suporte necessário para que ele possa cumprir com suas responsabilidades na proteção dos dados pessoais.

Em síntese, os agentes de tratamento da LGPD, controlador e Operador, desempenham papéis cruciais na proteção dos dados pessoais no Brasil. O Controlador, atuando como agente principal, assume a responsabilidade por tomar decisões fundamentais relacionadas ao tratamento dos dados e pela garantia da conformidade com as disposições da LGPD. O Operador, por sua vez, assume a importante função de executar as operações de tratamento conforme as orientações e diretrizes estabelecidas pelo Controlador, garantindo a eficácia e a integridade do processo de tratamento de dados.

Neste contexto, a relação estreita e colaborativa entre o Controlador e o Operador emerge como um fator determinante para a proteção efetiva dos direitos dos titulares de dados e para o cumprimento rigoroso da legislação de proteção de dados. Essa cooperação deve ser sustentada por meio de contratos de tratamento de dados bem elaborados e abrangentes, nos quais as ações, agentes, modos, efeitos e detalhamentos sejam minuciosamente definidos.

No âmbito desses contratos, é essencial que as finalidades do tratamento sejam claramente especificadas, delineando o propósito preciso para o qual os dados serão processados. As medidas de segurança devem ser detalhadas de modo a garantir que os dados pessoais permaneçam resguardados de qualquer acesso não autorizado ou incidentes de segurança. A obrigação de confidencialidade deve ser enfatizada, assegurando que as informações pessoais permaneçam protegidas e não sejam compartilhadas indevidamente.

Além disso, o contrato deve estabelecer com precisão o prazo de retenção dos dados, definindo um período específico durante o qual o Operador poderá manter os dados em sua posse. Ao término desse prazo ou do contrato em si, deve-se garantir a devolução ou exclusão adequada dos dados, seguindo estritamente as orientações do Controlador.

A cooperação e o suporte entre as partes contratantes devem ser enfatizados, pois isso é essencial para garantir que todas as responsabilidades sejam cumpridas de forma eficaz e em conformidade com a LGPD. A ação conjunta dos agentes é essencial para manter a integridade e a ética no tratamento de dados pessoais.

Em última análise, a cooperação transparente, ética e segura entre o Controlador e o Operador não apenas fortalece a confiança dos titulares de dados, mas também promove uma cultura de proteção responsável dos dados, contribuindo para a construção de um ambiente onde os direitos de privacidade e a segurança das informações pessoais sejam priorizados e respeitados em todos os aspectos do tratamento de dados no contexto da LGPD. Portanto, é fundamental que as partes interessadas permaneçam vigilantes na observância desses princípios, garantindo assim um ambiente de tratamento de dados pessoais que atenda às melhores práticas e padrões internacionais de proteção de dados.

7.4. Encarregado de Dados (DPO)

Com a promulgação da Lei Geral de Proteção de Dados Pessoais (LGPD) no Brasil, a proteção e o tratamento responsável das informações pessoais tornaram-se aspectos fundamentais para empresas e organizações que lidam com dados de cidadãos brasileiros. Nesse sentido, o papel do Encarregado de Dados, também conhecido como Data Protection Officer (DPO), ganha relevância como um dos pilares da conformidade com a LGPD. Neste artigo, exploraremos detalhadamente o papel do Encarregado de Dados, bem como a obrigatoriedade de sua nomeação por parte das empresas, conforme estabelecido no artigo 41 da LGPD.

I. O Papel do Encarregado de Dados (DPO)

No que concerne ao papel do Encarregado de Dados (DPO), este é uma figura-chave na proteção dos dados pessoais e na garantia da conformidade com a LGPD. Trata-se de um profissional designado pela empresa ou organização para atuar como um intermediário entre os titulares dos dados, a Autoridade Nacional de Proteção de Dados (ANPD) e a própria organização. O DPO desempenha um papel crucial na promoção de uma cultura de proteção de dados, assegurando que as atividades de tratamento sejam realizadas em conformidade com a legislação e os princípios da LGPD.

As principais atribuições do Encarregado de Dados incluem:

a. Monitoramento e Orientação

De igual modo, o DPO é responsável por monitorar as atividades de tratamento de dados realizadas pela empresa e fornecer orientações aos colaboradores e à alta administração sobre as melhores práticas para garantir a proteção dos dados pessoais.

b. Atendimento às Solicitações dos Titulares

Ademais, o DPO deve ser o ponto de contato para os titulares dos dados que desejem exercer seus direitos, como o direito de acesso, retificação, exclusão e portabilidade de seus dados. Ele deve facilitar o exercício desses direitos e garantir que as solicitações sejam atendidas de forma adequada e dentro dos prazos estabelecidos na legislação.

c. Cooperação com a ANPD

Em complemento, o DPO é responsável por cooperar com a ANPD em questões relacionadas ao tratamento de dados pessoais, fornecendo informações e esclarecimentos quando necessário.

d. Análise de Impacto à Proteção de Dados

Outrossim, o DPO deve realizar a análise de impacto à proteção de dados (AIPD) quando o tratamento de dados pessoais representar um alto risco para os direitos e liberdades dos titulares. Essa análise tem como objetivo identificar e mitigar possíveis riscos e vulnerabilidades no tratamento de dados.

e. Conscientização e Treinamento

Por conseguinte, o DPO deve promover a conscientização sobre a importância da proteção de dados entre os colaboradores da empresa, bem como fornecer treinamentos regulares sobre as políticas e procedimentos de proteção de dados.

f. Atuação Independente

Por fim, o DPO deve atuar de forma independente e livre de quaisquer conflitos de interesse que possam comprometer sua imparcialidade no desempenho de suas funções.

II. A Obrigatoriedade da Nomeação do Encarregado de Dados (DPO) pela LGPD

A LGPD estabelece a obrigatoriedade da nomeação do Encarregado de Dados (DPO) para determinadas categorias de agentes de tratamento de dados. O artigo 41 da lei define que a nomeação do DPO é obrigatória nos seguintes casos:

a. Controladores e Operadores com Tratamento Regular de Dados

Empresas ou organizações que realizam tratamento regular de dados pessoais, ou seja, que lidam frequentemente com informações pessoais de seus clientes, colaboradores ou usuários, devem nomear um DPO.

b. Tratamento de Dados Sensíveis ou de Dados de Crianças e Adolescentes

Empresas que tratam dados sensíveis, como informações de saúde, religião, orientação sexual, entre outros, e dados de crianças e adolescentes também devem designar um DPO.

c. Órgãos Públicos

Órgãos governamentais e entidades da administração pública também são obrigados a nomear um Encarregado de Dados.

A obrigatoriedade da nomeação do Encarregado de Dados (DPO) constitui uma ação imperativa no cenário da Lei Geral de Proteção de Dados Pessoais (LGPD), com o propósito inequívoco de fortalecer a salvaguarda dos dados pessoais. Esse ato reflete o comprometimento das empresas e organizações que manuseiam informações sensíveis e pertinentes, demonstrando uma clara disposição de agir em consonância com os preceitos estabelecidos pela legislação.

O Encarregado de Dados (DPO) emerge como o agente central nessa empreitada de proteção e tratamento adequado dos dados pessoais. Desempenhando com destreza e expertise o papel de guardião da privacidade e da conformidade, o DPO assume a missão de ser o intermediário diligente, agindo como um eficaz mediador entre os titulares dos dados, a Autoridade Nacional de Proteção de Dados (ANPD) e a própria empresa ou organização. Nesse contexto, o DPO age de maneira proativa e meticulosa, zelando para que as atividades de tratamento transcorram em consonância com os princípios da ética e da transparência.

O efeito dessa nomeação compulsória do DPO é tangível e profundo. Ao estabelecer essa figura como um elemento indispensável na engrenagem de conformidade com a LGPD, alcança-se uma maior proteção dos direitos individuais e a preservação da confidencialidade das informações pessoais. O DPO, munido de sua expertise, atua como um farol de referência, orientando a organização na direção certa, assegurando a legalidade das operações e o respeito aos direitos dos titulares.

Para compreender a magnitude desse efeito, é preciso detalhar a atuação do DPO. Este profissional, com plena autonomia, dedica-se a monitorar as atividades de tratamento de dados, fornecer orientações estratégicas e operacionais, e ser um ponto de contato acessível para os titulares dos dados. Sua habilidade em atender às solicitações dos titulares de forma eficaz é crucial, uma vez que promove a confiança dos indivíduos na gestão de suas informações pessoais.

Além disso, a colaboração estreita com a ANPD e a realização da análise de impacto à proteção de dados (AIPD) constituem etapas fundamentais dessa jornada. O DPO age como um elo de comunicação eficaz entre a organização e a autoridade regulatória, contribuindo para a efetiva implementação da LGPD e a mitigação de possíveis riscos.

Em síntese, a obrigatoriedade da nomeação do DPO é uma ação determinante que agrega valor ao cenário de proteção de dados pessoais. O agente responsável por essa função desempenha seu papel com integridade e profissionalismo, promovendo uma cultura de proteção responsável dos dados. O resultado desse esforço é a construção de um ambiente digital mais seguro, ético e confiável, onde os direitos dos titulares de dados são respeitados e preservados. Dessa forma, o DPO emerge como um protagonista essencial na trajetória rumo à conformidade e à excelência na gestão de dados pessoais.

CAPÍTULO: 8

ANPD e SANÇÕES

8.1 ANPD - Autoridade Nacional de Proteção de Dados

A Autoridade Nacional de Proteção de Dados (ANPD) é um órgão essencial criado pela Lei Geral de Proteção de Dados (LGPD) no Brasil, com o objetivo de fiscalizar e garantir a proteção adequada dos dados pessoais no país. Nesse contexto, exploraremos de forma detalhada o papel, as atribuições e a importância da ANPD na promoção da privacidade, da segurança e da conformidade com a LGPD em um cenário cada vez mais digital e interconectado.

I. O Nascimento da ANPD: Marco Regulatório da Proteção de Dados no Brasil

A criação da ANPD foi um marco importante na regulamentação da proteção de dados no Brasil. A LGPD, sancionada em agosto de 2018, estabeleceu regras e princípios para o tratamento de dados pessoais, garantindo a privacidade e os direitos dos titulares das informações em um contexto de constante avanço tecnológico e digitalização de dados.

Posteriormente, a ANPD foi oficialmente instituída em setembro de 2020, com a publicação da Lei nº 14.010, que converteu a Medida Provisória nº 959/2020 em lei. Esse órgão autônomo, vinculado à Presidência da República, tem como principal missão zelar pela proteção dos dados pessoais no Brasil e promover a cultura de privacidade e proteção da informação.

II. Papel e Atribuições da ANPD na Proteção de Dados

A ANPD desempenha um papel fundamental na implementação e fiscalização da LGPD no país. Dessa forma, é responsável por diversas atribuições relacionadas à proteção de dados. Algumas das principais funções da ANPD incluem:

a. Regulamentação da LGPD

A ANPD tem a competência de elaborar normas e orientações para a aplicação da LGPD, fornecendo diretrizes detalhadas sobre o tratamento de dados pessoais em diferentes setores e atividades econômicas.

b. Fiscalização e Aplicação de Sanções

A ANPD tem o poder de fiscalizar o cumprimento da LGPD por parte das empresas e organizações que tratam dados pessoais, podendo, assim, aplicar sanções em caso de descumprimento da legislação.

c. Orientação e Conscientização

A ANPD tem a responsabilidade de orientar e conscientizar a população, empresas e órgãos públicos sobre a importância da proteção de dados pessoais e os direitos dos titulares de informações.

d. Análise de Impacto à Proteção de Dados (AIPD)

A ANPD deve realizar a análise de impacto à proteção de dados sempre que o tratamento de dados representar riscos elevados aos direitos e liberdades dos titulares.

e. Cooperação Internacional

A ANPD também tem o papel de estabelecer parcerias e cooperação com autoridades de proteção de dados de outros países, visando, assim, a proteção transfronteiriça dos dados pessoais.

f. Recebimento de Denúncias e Reclamações

A ANPD deve receber e analisar denúncias e reclamações relacionadas ao tratamento de dados pessoais, garantindo o direito dos titulares de informações à privacidade e à proteção de seus dados.

II. Importância da ANPD na Era Digital e no Cenário de Proteção de Dados

A criação da ANPD foi um passo essencial para estabelecer uma cultura de proteção de dados no Brasil e garantir que os direitos dos titulares de informações pessoais sejam respeitados em um cenário cada vez mais digital e conectado.

Nesse sentido, a ANPD é uma peça-chave na implementação da LGPD e no fortalecimento da privacidade e segurança dos dados pessoais. Ela atua como um órgão regulador independente, responsável por garantir que a legislação seja cumprida e que os dados pessoais sejam tratados de forma ética e responsável.

Adicionalmente, a ANPD desempenha um papel relevante na promoção da transparência e da accountability no tratamento de dados. A fiscalização e a aplicação de sanções em caso de descumprimento da LGPD funcionam como um incentivo para que empresas e organizações adotem práticas de proteção adequadas e respeitem os direitos dos titulares de informações.

III. Desafios e Perspectivas Futuras

A ANPD enfrenta alguns desafios importantes no contexto da proteção de dados. Dentre os principais, podemos destacar:

a. Capacidade Técnica

A ANPD precisa contar com profissionais especializados e capacitados para lidar com as complexidades e desafios tecnológicos relacionados ao tratamento de dados pessoais.

b. Conscientização e Educação

A conscientização sobre a importância da proteção de dados ainda é um desafio no Brasil, tanto entre empresas como entre os próprios cidadãos. A ANPD precisa investir em campanhas de conscientização e educação para disseminar os princípios da LGPD e os direitos dos titulares.

c. Cooperação e Harmonização

A cooperação com outros órgãos governamentais e entidades internacionais é fundamental para garantir a proteção transfronteiriça dos dados pessoais e harmonizar as práticas de tratamento em âmbito global.

d. Adaptação à Evolução Tecnológica

A rápida evolução tecnológica representa um desafio constante para a proteção de dados. A ANPD precisa estar preparada para acompanhar as mudanças tecnológicas e regulamentar novas práticas de tratamento de dados que possam surgir.

No que diz respeito às perspectivas futuras, a atuação da ANPD será crucial para consolidar uma cultura de proteção de dados no Brasil e garantir que as empresas e organizações estejam em conformidade com a legislação. A ANPD também desempenhará um papel importante em questões relacionadas à inovação, ao uso de inteligência artificial e ao tratamento de dados em setores específicos, como saúde, educação e serviços financeiros.

A Autoridade Nacional de Proteção de Dados (ANPD) é uma instituição de extrema importância para a proteção dos dados pessoais no Brasil. Sua criação representa um avanço significativo na promoção da privacidade e da conformidade com a LGPD em um cenário digital cada vez mais complexo. Para efetivar seu papel com êxito, a ANPD desempenha um papel fundamental na regulamentação, fiscalização e orientação sobre o tratamento de dados pessoais no país, atuando como agente de fiscalização e normatização.

Sua atuação é essencial para garantir que as informações pessoais dos cidadãos brasileiros sejam tratadas de forma ética, transparente e segura, protegendo assim os direitos e a privacidade dos titulares de dados. Dessa forma, a ANPD exerce um papel ativo, agindo de modo a assegurar que os princípios da LGPD sejam cumpridos de maneira eficaz.

Além disso, a ANPD tem o desafio de acompanhar as rápidas transformações tecnológicas e promover a conscientização sobre a importância da proteção de dados na sociedade. Com a cooperação de empresas, órgãos públicos e cidadãos, a observância das disposições da lei, a Autoridade Nacional de Proteção de Dados (ANPD) desempenha um papel central como agente regulador e fiscalizador. É relevante destacar, portanto, que a ANPD dispõe de um conjunto abrangente de sanções, as quais, quando aplicadas de forma justa e adequada, contribuem para a efetiva proteção dos dados pessoais no território brasileiro.

No âmago desse contexto, torna-se imprescindível analisar as sanções previstas pela ANPD, uma vez que essas medidas não apenas buscam punir eventuais infratores, mas também têm um caráter educativo e preventivo, objetivando estimular a conformidade com as diretrizes da LGPD. Com efeito, as sanções abrangem um leque diversificado de ações que podem ser aplicadas de acordo com a gravidade e a recorrência das infrações cometidas por empresas e organizações. Neste artigo, detalharemos as principais sanções que a ANPD pode impor às empresas e a importância dessas medidas para a proteção dos dados pessoais no Brasil.

8.2. As Sanções da ANPD na LGPD

A LGPD prevê diferentes tipos de sanções que a ANPD pode aplicar em caso de descumprimento das suas disposições. Essas sanções têm o propósito de incentivar as empresas a adotarem boas práticas de proteção de dados e respeitarem os direitos dos titulares das informações. As principais sanções previstas na LGPD incluem:

ANPD pode contribuir significativamente para o fortalecimento da cultura de privacidade e segurança dos dados pessoais no Brasil, agindo de forma proativa para educar os diversos agentes envolvidos e sensibilizar a sociedade como um todo.

O efeito dessa atuação abrangente da ANPD é a consolidação do país como uma referência em proteção de dados na era digital. A ação coordenada da ANPD, aliada à sua capacidade de adaptação às mudanças tecnológicas, resultará em um ambiente de proteção de dados mais robusto e seguro, beneficiando tanto os titulares de informações quanto as organizações que tratam dados pessoais. O detalhamento das ações da ANPD, como a elaboração de diretrizes claras e a aplicação de sanções quando necessário, contribui para a construção de uma cultura de respeito à privacidade, que é essencial em um mundo cada vez mais digitalizado e interconectado.

8.3. Sanções da ANPD: garantindo a conformidade com a LGPD e a proteção dos dados pessoais

A Lei Geral de Proteção de Dados (LGPD) representa um marco significativo no cenário legislativo brasileiro, pois, ao estabelecer regras e princípios rigorosos para o tratamento de dados pessoais, tem como objetivo fundamental salvaguardar não apenas a privacidade, mas também a segurança e os direitos dos titulares dessas informações preciosas. Nesse contexto complexo e dinâmico, torna-se imperativo enfatizar que, para efetivamente assegurar a conformidade com a LGPD e garantir que as empresas e organizações atuem em estrita.

a. Advertência

Inicialmente, a ANPD pode aplicar uma advertência à empresa em caso de infrações menos graves. A advertência é uma medida educativa, que tem o objetivo de orientar a empresa sobre a necessidade de corrigir suas práticas e se adequar à legislação.

b. Multa Simples

Em seguida, a ANPD pode aplicar multas de até 2% do faturamento da empresa, limitada ao valor máximo de R$ 50 milhões por infração. A multa simples é aplicada para infrações mais leves ou quando não resultarem em dano ao titular dos dados.

c. Multa Diária

Por outro lado, a ANPD pode aplicar multas diárias em caso de infrações continuadas ou repetidas. A multa diária pode ser de até 0,5% do faturamento da empresa, limitada ao valor máximo de R $ 50 milhões por infração.

d. Bloqueio dos Dados

Outra medida importante é o bloqueio dos dados pessoais. A ANPD pode determinar o bloqueio dos dados pessoais tratados de forma irregular ou em desacordo com a LGPD. O bloqueio impede o tratamento dos dados até que a situação seja regularizada.

e. Eliminação dos Dados

Além disso, a ANPD pode determinar a eliminação dos dados pessoais que foram tratados de forma irregular ou sem o devido consentimento do titular, desde que essa eliminação não viole outras obrigações legais.

f. Publicização da Infração

Como parte do processo de responsabilização, a ANPD pode determinar que a empresa pela infração publique a sua ocorrência de forma ampla e efetiva, garantindo a transparência sobre o ocorrido.

g. Proibição Temporária do Tratamento

Para agravar as consequências, a ANPD pode proibir temporariamente a empresa de realizar determinadas atividades de tratamento de dados que estejam em desacordo com a LGPD.

h. Proibição do Exercício de Atividades Relacionadas ao Tratamento de Dados

Como medida mais drástica, a ANPD pode proibir a empresa de exercer atividades de tratamento de dados por período determinado ou definitivamente.

8.4. Importância das Sanções para a Proteção dos Dados Pessoais

As sanções previstas na LGPD têm um papel crucial na proteção dos dados pessoais no Brasil. Elas visam garantir que as empresas e organizações tratem as informações pessoais de forma responsável e em conformidade com a legislação, evitando o uso indevido ou abusivo dos dados dos titulares.

As sanções funcionam como um mecanismo de incentivo para que as empresas adotem boas práticas de proteção de dados e se esforcem para estar em conformidade com a LGPD. Além disso, ao aplicar multas e outras sanções, a ANPD cria um ambiente em que a proteção dos dados pessoais se torna uma prioridade para as empresas, estimulando o investimento em medidas de segurança e em programas de conformidade com a lei.

É importante ressaltar que, as sanções também têm um efeito educativo, ao orientar as empresas sobre as práticas adequadas de tratamento de dados e os cuidados necessários para garantir a privacidade dos titulares das informações. A aplicação de advertências e multas pode servir como um alerta para que as empresas revejam suas políticas de privacidade e revisem suas práticas de tratamento de dados, evitando futuras infrações.

I. O Processo de Aplicação das Sanções

A aplicação das sanções pela ANPD segue um processo estabelecido pela LGPD. Quando a ANPD identifica uma infração à legislação, é iniciado um procedimento administrativo que pode resultar na aplicação de sanções. Esse procedimento inclui as seguintes etapas:

a. Notificação da Infração

Primeiramente, a ANPD notifica a empresa ou organização responsável pela infração, informando sobre o ocorrido e solicitando esclarecimentos e informações adicionais.

b. Possibilidade de Defesa

Posteriormente, a empresa tem o direito de apresentar sua defesa e justificar suas ações perante a ANPD.

c. Análise e Decisão

Em seguida, a ANPD analisa as informações apresentadas pela empresa e decide sobre a aplicação das sanções.

d. Recursos

Caso a empresa discorde da decisão, a empresa pode recorrer da decisão da ANPD em instâncias superiores, caso considere necessário.

e. Execução das Sanções

Por fim, as sanções aplicadas pela ANPD devem ser cumpridas pela empresa, que é responsável por implementar as medidas determinadas pela autoridade.

II. Desafios na Aplicação das Sanções

A aplicação das sanções pela ANPD também enfrenta alguns desafios. Dentre eles, podemos destacar:

a. Recursos Limitados

Um dos principais desafios é que a ANPD precisa lidar

com recursos limitados para fiscalizar todas as empresas e organizações que tratam dados pessoais. Isso pode dificultar a identificação e o acompanhamento de infrações em larga escala.

b. Conscientização e Educação

Outra dificuldade reside na falta de conscientização de muitas empresas ainda não estão totalmente conscientes sobre a importância da LGPD e as consequências do seu descumprimento. A ANPD precisa investir em campanhas de conscientização e educação para disseminar os princípios da LGPD e incentivar a conformidade voluntária.

c. Casos de Alta Complexidade

Por sua vez, algumas infrações podem envolver casos de alta complexidade técnica ou jurídica, que requerem uma análise detalhada por parte da ANPD.

d. Cooperação Internacional

Em um cenário globalizado, é importante que a ANPD estabeleça parcerias e coopere com outras autoridades de proteção de dados de diferentes países para garantir a proteção transfronteiriça dos dados pessoais.

As sanções aplicadas pela Autoridade Nacional de Proteção de Dados (ANPD) desempenham um papel de extrema importância no cenário da conformidade com a Lei Geral de Proteção de Dados (LGPD) no Brasil. Estas medidas, que englobam advertências, multas e o bloqueio de dados, representam os instrumentos que a ANPD utiliza com o intuito de promover e estimular a adoção de boas práticas de proteção de dados pelas empresas, bem como para assegurar o respeito pelos direitos dos titulares das informações.

Nesse contexto, a ANPD assume o protagonismo na fiscalização e na aplicação das sanções previstas na LGPD, agindo como um agente ativo na defesa da privacidade dos cidadãos brasileiros. Para cumprir essa missão de forma eficaz, a autoridade enfrenta uma série de desafios complexos que demandam ações específicas. Entre esses desafios, destaca-se a necessidade de conscientização e educação das empresas, que muitas vezes carecem de conhecimento sobre as melhores práticas em proteção de dados.

Além disso, a ANPD deve buscar uma cooperação internacional sólida, uma vez que as questões de proteção de dados transcendem fronteiras e demandam ações coordenadas em escala global.

Esse processo de cooperação envolve não apenas acordos bilaterais, mas também a participação ativa em organizações internacionais que promovem padrões de privacidade robustos.

Outro aspecto crucial é a alocação de recursos adequados para que a ANPD possa cumprir suas funções com eficácia. Isso envolve não apenas recursos financeiros, mas também a capacitação de pessoal especializado e a infraestrutura tecnológica necessária para investigações e aplicação das sanções.

Tendo em mente esses desafios, a ANPD desempenha um papel de agente transformador na construção de uma cultura sólida de proteção de dados no Brasil. Através de sua atuação responsável e efetiva, a autoridade não apenas garante a conformidade com a LGPD, mas também contribui para consolidar o país como uma referência em privacidade e segurança da informação na era digital. Esse é um processo contínuo que, a longo prazo, beneficia não apenas as empresas e os cidadãos, mas também a reputação do Brasil no cenário internacional em relação à proteção de dados.

CAPÍTULO 9

RESPONSABILIDADES

A Lei Geral de Proteção de Dados (LGPD) é uma legislação complexa e detalhada que traz consigo uma série de responsabilidades tanto para os Titulares de Dados quanto para as organizações que coletam e tratam informações pessoais.

Neste capítulo, vamos explorar as responsabilidades sob a LGPD em profundidade. Vamos analisar o que significa ser responsável sob a lei, os conceitos de responsabilidade solidária e subsidiária, e a questão do ressarcimento de danos.

9.1 Responsabilidades sob a LGPD

Sob a LGPD, as responsabilidades são distribuídas de maneira clara entre diferentes partes envolvidas no tratamento de dados pessoais. Vamos dividir essas responsabilidades em dois grupos principais: Titulares de Dados e Controladores/Operadores de Dados.

Titulares de Dados: Como Titulares de Dados, temos a responsabilidade de fornecer informações precisas e atualizadas às organizações quando solicitadas. Também temos o direito de acessar nossos próprios dados e garantir que sejam corretos. Além disso, podemos retirar o consentimento para o tratamento de nossos dados a qualquer momento, quando o consentimento for a base legal para o tratamento.

Controladores de Dados: As organizações que coletam e tratam dados pessoais, chamadas de Controladores de Dados, têm uma série de obrigações significativas. Primeiramente, devem garantir que a coleta de dados seja realizada de maneira lícita e transparente, obtendo o consentimento apropriado dos Titulares de Dados quando necessário. Devem também proteger os dados pessoais e garantir que apenas as pessoas autorizadas tenham acesso a eles. Além disso, precisam estar preparados para lidar com solicitações dos Titulares de Dados, como o direito de acesso e exclusão de dados. Outra responsabilidade fundamental dos Controladores de Dados é notificar a Autoridade Nacional de Proteção de Dados (ANPD) e os Titulares de Dados em caso de violação de dados.

Operadores de Dados: As organizações que processam dados em nome dos Controladores de Dados, chamadas de Operadores de Dados, também têm responsabilidades significativas. Eles devem garantir que o tratamento de dados seja realizado de acordo com as instruções do Controlador de Dados. Além disso, devem implementar medidas de segurança adequadas para proteger os dados pessoais que estão processando. Os Operadores de Dados também devem estar preparados para auxiliar os Controladores de Dados no atendimento às solicitações dos Titulares de Dados.

9.2. Responsabilidade Solidária e Subsidiária

Um aspecto importante da LGPD é a ideia de responsabilidade solidária e subsidiária. Vamos entender esses conceitos:

I. Responsabilidade Solidária na LGPD

A responsabilidade solidária é um princípio legal que determina que várias partes compartilhem a responsabilidade por determinada obrigação. Na LGPD, isso se aplica ao tratamento de dados pessoais. Isso significa que tanto as organizações que coletam e controlam os dados (Controladores de Dados) quanto as organizações que processam esses dados em nome dos Controladores (Operadores de Dados) podem ser responsabilizadas se houver uma violação da LGPD. Para compreender a responsabilidade solidária na prática, é essencial relembrar o papel de cada uma dessas partes:

a. Controlador de Dados

O Controlador de Dados é a organização que determina as finalidades e os meios do tratamento de dados pessoais. Em outras palavras, ele decide por que e como os dados serão coletados e utilizados. Isso pode ser uma empresa, um órgão governamental, uma instituição de saúde ou qualquer entidade que colete dados pessoais. O Controlador de Dados tem a responsabilidade primária de garantir que o tratamento de dados seja realizado em conformidade com a LGPD.

b. Operador de Dados

O Operador de Dados, por outro lado, é a organização que realiza o tratamento de dados em nome do Controlador. Isso inclui processar, armazenar, transmitir ou realizar qualquer operação com os dados de acordo com as instruções do Controlador. Por exemplo, um provedor de serviços de computação em nuvem que armazena dados de clientes em nome desses clientes atua como Operador de Dados. O Operador de Dados tem a responsabilidade de executar o tratamento de dados de acordo com as instruções do Controlador e garantir a segurança e a conformidade dos dados.

II. Responsabilidade Solidária na Prática

A responsabilidade solidária na LGPD significa que tanto o Controlador de Dados quanto o Operador de Dados são igualmente responsáveis por garantir que o tratamento de dados seja realizado em conformidade com a lei. Isso tem implicações significativas para ambas as partes:

a. Colaboração

A responsabilidade solidária incentiva uma abordagem colaborativa à proteção de dados. Tanto o Controlador quanto o Operador têm um interesse compartilhado na conformidade com a LGPD, e trabalhar juntos para alcançar esse objetivo é fundamental.

b. Transparência

A LGPD exige que as partes envolvidas em um contrato de tratamento de dados (como um acordo entre um Controlador e um Operador) estabeleçam claramente suas responsabilidades e obrigações. Isso promove a transparência e a compreensão mútua das expectativas.

c. Responsabilidade Compartilhada

Em caso de violação da LGPD, ambas as partes podem ser responsabilizadas. Isso significa que, se uma falha na segurança de dados ocorrer durante o tratamento de dados, tanto o

Controlador quanto o Operador podem ser chamados a prestar contas.

III. A Importância da Responsabilidade Solidária

A responsabilidade solidária desempenha um papel crucial na LGPD por vários motivos:

a. Distribuição de Responsabilidade

Ela distribui a responsabilidade por garantir a conformidade com a LGPD entre todas as partes envolvidas no tratamento de dados. Isso evita que uma única parte seja sobrecarregada com a tarefa de cumprir a lei.

b. Estímulo à Colaboração

Incentiva a colaboração entre o Controlador e o Operador para garantir que os dados pessoais sejam tratados com o devido cuidado e em conformidade com a LGPD. Isso pode levar a melhores práticas de proteção de dados.

c. Transparência Contratual

O princípio da responsabilidade solidária exige que os contratos entre Controladores e Operadores de Dados sejam claros em relação às responsabilidades de cada parte. Isso promove a transparência e ajuda a evitar conflitos.

d. Responsabilização

Em última instância, a responsabilidade solidária torna mais fácil responsabilizar as partes envolvidas em caso de violação da LGPD. Isso ajuda a garantir que a lei seja cumprida de maneira eficaz.

A responsabilidade solidária é um conceito fundamental na LGPD que estabelece que tanto os Controladores quanto os Operadores de Dados podem ser responsabilizados por violações da lei. Isso promove a colaboração, a transparência e a conformidade com a legislação de proteção de dados.

É importante que todas as organizações que lidam com dados pessoais estejam cientes de suas responsabilidades sob a LGPD e trabalhem juntas para proteger a privacidade e os direitos dos Titulares de Dados. A responsabilidade solidária é um princípio que incentiva a responsabilidade compartilhada na era da proteção de dados.

9.3. Responsabilidade Subsidiária na LGPD

A responsabilidade subsidiária estabelece que o Controlador de Dados é a parte principal e primária responsável pelo cumprimento da LGPD. O Controlador de Dados é a organização que determina as finalidades e os meios do tratamento de dados pessoais. Ele decide por que e como os dados serão coletados e utilizados. Essa parte é equivalente ao "dono" dos dados, a entidade que toma as decisões sobre o tratamento das informações pessoais.

Por outro lado, o Operador de Dados é a organização que realiza o tratamento de dados em nome do Controlador. Isso inclui atividades como processar, armazenar, transmitir ou executar qualquer operação com os dados, de acordo com as instruções do Controlador. O Operador de Dados executa o tratamento de dados, mas sob a supervisão e as diretrizes do Controlador.

I. O Papel do Controlador de Dados na Responsabilidade Subsidiária

O Controlador de Dados tem a responsabilidade primária de garantir que o tratamento de dados seja realizado em conformidade com a LGPD. Isso inclui:

a. Definir as finalidades para as quais os dados serão coletados e tratados.

b. Obter o consentimento dos Titulares de Dados, quando necessário.

c. Estabelecer medidas de segurança adequadas para proteger os dados pessoais.

d. Nomear um Encarregado de Proteção de Dados (DPO), quando aplicável.

e. Garantir que todos os envolvidos no tratamento dos dados estejam cientes de suas responsabilidades sob a LGPD.

O Controlador de Dados deve trabalhar em estreita colaboração com o Operador de Dados para garantir que todas essas diretrizes sejam seguidas. No entanto, em última instância, a responsabilidade principal recai sobre o Controlador.

II. O Papel do Operador de Dados na Responsabilidade Subsidiária

O Operador de Dados, embora não seja a parte principal responsável pela conformidade com a LGPD, desempenha um papel crucial na proteção da privacidade e dos direitos dos Titulares de Dados. Suas responsabilidades incluem:

a. Executar o tratamento de dados de acordo com as instruções do Controlador de Dados.

b. Implementar medidas de segurança adequadas para proteger os dados pessoais.

c. Colaborar com o Controlador de Dados para garantir que os processos de tratamento estejam em conformidade com a LGPD.

d. Relatar quaisquer violações de dados ao Controlador de Dados para que este possa tomar as medidas necessárias.

Embora o Operador de Dados não seja o principal responsável pela conformidade, ele ainda é uma parte ativa na proteção dos dados pessoais e deve seguir todas as diretrizes e regulamentos da LGPD.

III. Por que a Responsabilidade Subsidiária é Importante?

A responsabilidade subsidiária é importante por várias razões:

a. Colaboração

Ela incentiva a colaboração entre o Controlador de Dados e o Operador de Dados. Ambas as partes devem trabalhar juntas para garantir que os dados pessoais sejam tratados de maneira segura e em conformidade com a lei.

b. Transparência Contratual

A LGPD exige que os contratos entre o Controlador e o Operador de Dados estabeleçam claramente as responsabilidades de cada parte. Isso promove a transparência e evita conflitos.

c. Responsabilização

Em caso de violação da LGPD, ambas as partes podem ser responsabilizadas. Isso ajuda a garantir que a lei seja cumprida de maneira eficaz e que os Titulares de Dados tenham seus direitos protegidos.

d. Proteção dos Direitos dos Titulares de Dados

A responsabilidade subsidiária garante que, independentemente de qual parte do processo de tratamento de dados seja responsável por uma violação, os direitos dos Titulares de Dados sejam protegidos e que haja um caminho claro para responsabilização e reparação.

A responsabilidade subsidiária na LGPD é um conceito fundamental que estabelece a hierarquia de responsabilidades entre o Controlador de Dados e o Operador de Dados. Ambos desempenham papéis essenciais na proteção da privacidade e dos direitos dos Titulares de Dados, e a colaboração entre eles é fundamental. A responsabilidade subsidiária promove a transparência, a conformidade com a lei e a proteção eficaz dos dados pessoais. É um princípio que garante que todas as partes envolvidas no tratamento de dados cumpram suas obrigações e trabalhem juntas para garantir que a LGPD seja respeitada na era da proteção de dados.

Esses conceitos de responsabilidade solidária e subsidiária incentivam a transparência e a colaboração entre as partes envolvidas no tratamento de dados pessoais. Eles garantem que a proteção de dados seja uma preocupação compartilhada, não apenas uma responsabilidade de uma única parte.

A Lei Geral de Proteção de Dados (LGPD) aborda não apenas a proteção e privacidade dos dados pessoais, mas também a questão do ressarcimento de danos. Esse é um componente essencial da LGPD, que visa garantir que os direitos dos Titulares de Dados sejam protegidos de maneira abrangente, não apenas com a aplicação de penalidades às organizações que violam a lei, mas também com a possibilidade de compensação financeira para aqueles que sofreram danos em decorrência de uma violação.

9.4. Ressarcimento de Danos: Um Direito do Titular de Dados

A LGPD estabelece claramente que, se um Titular de Dados sofrer danos devido a uma violação da lei, ele tem o direito de buscar indenização. Isso é um grande avanço na proteção dos direitos dos indivíduos, pois coloca o poder de ação nas mãos daqueles cujos dados foram comprometidos. Essa disposição reconhece o impacto real e muitas vezes sério que a violação de dados pode ter na vida das pessoas e fornece um mecanismo legal para buscar justiça.

I. Tipos de Danos Ressarcíveis

Os danos que podem ser objeto de ressarcimento na LGPD incluem danos materiais e morais. Vamos entender o que esses termos significam:

a. Danos Materiais

Os danos materiais se referem a prejuízos financeiros reais que um Titular de Dados sofreu devido a uma violação da LGPD.

Isso pode incluir, por exemplo, a perda de dinheiro devido a fraudes financeiras resultantes do vazamento de informações pessoais. Para ilustrar, imagine que um indivíduo tem suas informações de cartão de crédito comprometidas devido a uma falha de segurança em um site de comércio eletrônico. Como resultado, ele sofre prejuízos financeiros significativos devido a compras fraudulentas feitas em seu nome. Esses danos materiais são claramente mensuráveis em termos financeiros.

b. Danos Morais

Os danos morais são mais abstratos e estão relacionados ao sofrimento emocional ou psicológico que um Titular de Dados pode enfrentar devido a uma violação da LGPD. Isso pode incluir o estresse, a ansiedade, a perda de privacidade e a angústia emocional resultante da exposição não autorizada de informações pessoais. Para entender melhor, considere o cenário em que uma organização divulga informações médicas confidenciais de um indivíduo, causando- lhe constrangimento, estigmatização e sofrimento emocional significativo.

II. Importância do Ressarcimento de Danos na LGPD

A disposição de ressarcimento de danos na LGPD desempenha um papel crucial na eficácia da lei. Ela serve a várias finalidades importantes:

a. Responsabilidade Financeira

A ameaça de ressarcimento de danos cria uma responsabilidade financeira significativa para as organizações que não cumprem a LGPD. Isso as incentiva a tomar medidas mais rigorosas para proteger os dados pessoais dos Titulares, uma vez que sabem que podem enfrentar consequências financeiras significativas em caso de violação.

b. Reparação para as Vítimas

A disposição de ressarcimento de danos fornece uma forma de reparação para os indivíduos afetados por violações da LGPD. Isso é importante, pois reconhece que as violações de dados podem causar danos reais, seja financeira ou emocionalmente, e oferece uma maneira de as vítimas serem compensadas por esses danos.

c. Dissuasão de Violações

O potencial de ressarcimento de danos também atua como um dissuasor eficaz para as organizações. Sabendo que podem ser responsabilizadas financeiramente pelas violações, as organizações têm um incentivo adicional para cumprir a LGPD e investir em medidas de segurança de dados robustas.

d. Justiça e Proteção dos Direitos

A disposição de ressarcimento de danos busca equilibrar a

equação de poder entre as organizações e os Titulares de Dados. Ela permite que os indivíduos busquem justiça e protejam seus direitos quando suas informações pessoais são indevidamente expostas.

III. O Processo de Busca de Ressarcimento

Para buscar ressarcimento de danos devido a uma violação da LGPD, um Titular de Dados geralmente seguirá um processo legal que pode incluir as seguintes etapas:

a. Notificação

O Titular de Dados notifica a organização responsável pela violação, informando sobre os danos sofridos.

b. Negociação

As partes podem tentar resolver o problema por meio de negociações diretas. A organização pode oferecer uma compensação, e o Titular de Dados pode aceitar ou recusar.

c. Mediação

Se as negociações diretas não forem bem- sucedidas, as partes podem buscar mediação de terceiros ou recorrer a uma autoridade reguladora.

d. Ação Judicial

Se todas as outras opções falharem, o Titular de Dados pode entrar com uma ação judicial para buscar ressarcimento de danos.

É importante observar que a LGPD estabelece limites para a busca de ressarcimento, e os danos devem estar relacionados a violações específicas da lei. A determinação de danos materiais e morais pode ser complexa e envolve considerações legais.

A disposição de ressarcimento de danos na LGPD desempenha um papel vital na proteção dos direitos dos Titulares de Dados e na promoção da conformidade com a lei. Ela oferece às vítimas de violações da LGPD a possibilidade de buscar reparação por danos materiais e morais, bem como cria uma responsabilidade financeira significativa para as organizações que não cumprem a lei. A busca de ressarcimento não apenas ajuda a equilibrar a relação entre organizações e indivíduos, mas também atua como um forte incentivo para que as empresas protejam adequadamente os dados pessoais e cumpram os regulamentos de proteção de dados.

IV. A Importância das Responsabilidades na LGPD

A LGPD é uma legislação que coloca a responsabilidade no centro do tratamento de dados pessoais. Tanto os Titulares de Dados quanto as organizações têm papéis importantes a desempenhar na proteção da privacidade e na conformidade com a lei. A responsabilidade solidária e subsidiária assegura que todos compartilhem o ônus da conformidade, incentivando a colaboração.

Além disso, o direito ao ressarcimento de danos garante que os Titulares de Dados tenham meios eficazes de reparação caso sofram prejuízos devido a violações da LGPD. Isso reforça a seriedade da lei e a importância da proteção de dados na era digital.

Em última análise, a LGPD visa criar um ambiente em que a privacidade e a segurança dos dados sejam prioridades, e as responsabilidades desempenham um papel fundamental na concretização desse objetivo. Elas garantem que todos os envolvidos estejam comprometidos em respeitar os direitos dos Titulares de Dados e em garantir que os dados pessoais sejam tratados com o devido cuidado e proteção.

CAPÍTULO 10

MEDIDADAS DE SEGURANÇA

Neste capítulo, exploraremos um componente fundamental da Lei Geral de Proteção de Dados (LGPD): as medidas de segurança e boas práticas que as organizações precisam adotar para garantir a proteção adequada dos dados pessoais. A LGPD coloca uma ênfase significativa na segurança dos dados, reconhecendo que a mera coleta e tratamento responsável de informações pessoais não é suficiente. Portanto, vamos examinar as medidas de segurança necessárias, a notificação de vazamentos de dados, a Avaliação de Impacto à Proteção de Dados (AIPD) e a responsabilidade pela segurança dos dados.

10.1. Medidas de Segurança Necessárias

na LGPD

No contexto da Lei Geral de Proteção de Dados (LGPD), as medidas de segurança são pedras angulares para garantir que a privacidade e a segurança dos dados pessoais sejam preservadas. A LGPD exige que todas as organizações implementem medidas técnicas e organizacionais apropriadas para assegurar a confidencialidade, integridade e disponibilidade dos dados pessoais que coletam, processam e armazenam. Esta exigência é fundamental para proteger os direitos dos titulares de dados e cumprir com os princípios estabelecidos na LGPD.

A natureza das medidas de segurança necessárias pode variar dependendo do contexto e dos riscos associados ao tratamento dos dados. A LGPD reconhece que não existe uma abordagem única que funcione para todas as organizações, e, portanto, incentiva a adoção de medidas proporcionais ao risco e à natureza dos dados. A seguir, vamos explorar algumas das medidas comuns de segurança que as organizações podem implementar para garantir a conformidade com a LGPD.

a. Criptografia de Dados

A criptografia é uma das ferramentas mais eficazes para proteger dados pessoais. Ela envolve a conversão dos dados em um formato ilegível, a menos que a pessoa ou entidade certa tenha a chave de descriptografia. Isso significa que mesmo se os dados forem interceptados por terceiros mal- intencionados, eles permanecerão ininteligíveis e, portanto, inúteis. A LGPD incentiva fortemente o uso de criptografia, especialmente para dados sensíveis.

b. Controle de Acesso Rigoroso

O controle de acesso é fundamental para garantir que apenas pessoas autorizadas tenham permissão para acessar os dados pessoais. Isso pode ser alcançado por meio de autenticação de múltiplos fatores, senhas robustas e sistemas de gerenciamento de acesso. A LGPD exige que as organizações implementem políticas de controle de acesso que garantam que somente funcionários ou partes autorizadas tenham acesso aos dados pessoais.

c. Monitoramento de Sistemas

O monitoramento contínuo dos sistemas de informações é essencial para detectar atividades incomuns ou potenciais violações de segurança. A LGPD incentiva as organizações a implementarem sistemas de monitoramento que possam identificar e responder rapidamente a incidentes de segurança. Essa abordagem proativa é fundamental para evitar violações de dados e proteger a privacidade dos titulares de dados.

d. Políticas de Segurança

A LGPD requer que as organizações desenvolvam e implementem políticas de segurança de dados. Essas políticas devem abranger todos os aspectos do tratamento de dados pessoais, incluindo a coleta, processamento, armazenamento e compartilhamento. As políticas de segurança servem como um guia para os funcionários e colaboradores, definindo as melhores práticas e os procedimentos a serem seguidos para garantir a conformidade com a lei e a proteção dos dados.

e. Formação de Funcionários

A conscientização e a formação em segurança de dados são componentes essenciais de qualquer estratégia de segurança. A LGPD reconhece a importância de educar os funcionários sobre as melhores práticas de segurança e seus papéis na proteção dos dados pessoais. Isso inclui treinamento regular sobre como identificar possíveis ameaças e como responder a incidentes de segurança.

f. Atualizações Regulares de Segurança

As ameaças à segurança de dados estão em constante evolução. Portanto, é fundamental manter-se atualizado em relação às melhores práticas de segurança e aplicar atualizações regulares nos sistemas e infraestrutura de tecnologia da informação. A LGPD encoraja as organizações a manterem-se informadas sobre as últimas tendências em segurança de dados e a adotarem medidas de segurança atualizadas.

10.2. Exemplo na Prática

Vamos considerar um exemplo prático para ilustrar a importância dessas medidas de segurança na LGPD. Uma organização financeira que coleta, processa e armazena informações financeiras e pessoais de seus clientes é responsável por proteger esses dados de forma adequada.

Para cumprir a LGPD, a organização implementa uma política de criptografia de ponta a ponta para proteger todas as transações financeiras e informações pessoais de seus clientes. Ela também estabelece um sistema rigoroso de controle de acesso, exigindo autenticação de dois fatores para garantir que somente funcionários autorizados possam acessar os dados.

Além disso, a organização monitora continuamente seus sistemas em busca de atividades suspeitas e realiza auditorias de segurança regulares para identificar e corrigir potenciais vulnerabilidades. Os funcionários recebem treinamento regular em segurança de dados e são incentivados a relatar qualquer atividade suspeita.

Essas medidas de segurança não apenas ajudam a proteger os dados pessoais de seus clientes, mas também garantem que a organização esteja em conformidade com a LGPD, evitando possíveis multas e ações judiciais.

As medidas de segurança desempenham um papel fundamental na LGPD, garantindo a proteção dos dados pessoais e a conformidade com a lei. A criptografia, o controle de acesso, o monitoramento de sistemas, as políticas de segurança, a formação de funcionários e as atualizações regulares são elementos-chave para proteger os direitos dos titulares de dados. A compreensão e implementação dessas medidas são cruciais para que as organizações cumpram a LGPD e garantam a privacidade e a segurança dos dados pessoais no ambiente digital em constante evolução.

10.3. Vazamentos de Dados e Notificação: Um Compromisso com a Transparência e a Responsabilidade

Num mundo cada vez mais digital e interconectado, os vazamentos de dados se tornaram uma das maiores preocupações para organizações e cidadãos em todo o mundo. A crescente quantidade de informações pessoais que são coletadas, processadas e armazenadas digitalmente torna a segurança dos dados um desafio complexo e crítico. É nesse contexto que a Lei Geral de Proteção de Dados (LGPD) se destaca como uma regulamentação fundamental para proteger a privacidade e os direitos dos cidadãos brasileiros.

I. O Que São Vazamentos de Dados?

Um vazamento de dados ocorre quando informações pessoais são acessadas, divulgadas, alteradas ou destruídas sem a devida autorização. Essas informações pessoais podem incluir desde dados básicos, como nomes e endereços, até informações mais sensíveis, como números de documentos de identificação, informações financeiras e históricos médicos. Os vazamentos de dados podem resultar de uma variedade de incidentes, incluindo ataques cibernéticos, erros humanos, falhas de segurança e muito mais.

II. A Responsabilidade da LGPD

A LGPD, que foi inspirada no Regulamento Geral de Proteção de Dados (GDPR) da União Europeia, estabelece diretrizes claras sobre como as organizações devem lidar com vazamentos de dados. Uma das disposições mais significativas é a exigência de notificação. Tanto a Autoridade Nacional de Proteção de Dados (ANPD) quanto os Titulares de Dados devem ser notificados em caso de vazamento que possa resultar em riscos ou danos significativos.

III. A Notificação de Vazamentos: Por que é Importante?

A notificação de vazamentos de dados é um processo crucial para lidar com incidentes de segurança de dados de forma transparente e responsável. Mas por que isso é tão importante?

a. Transparência e Avaliação de Riscos

Primeiramente, notificar a ANPD permite que a autoridade avalie a gravidade do vazamento e tome as medidas adequadas. Isso é essencial para que as autoridades possam entender a extensão do vazamento e determinar se as organizações estão agindo de acordo com as melhores práticas de segurança de dados. A notificação também pode ajudar a ANPD a identificar tendências e padrões que podem levar a ações mais eficazes na prevenção de futuros vazamentos.

b. Proteção dos Direitos dos Titulares de Dados

Além disso, notificar os Titulares de Dados é uma medida fundamental para proteger seus direitos. Quando os Titulares de Dados são informados sobre um vazamento, eles podem tomar medidas para mitigar possíveis riscos. Isso pode incluir a alteração de senhas, a monitorização de atividades não autorizadas e a adoção de medidas adicionais de segurança. A notificação permite que os Titulares de Dados estejam cientes dos eventos e tomem medidas proativas para proteger suas informações pessoais.

c. Construindo Confiança com os Titulares de Dados

A notificação de vazamentos de dados também desempenha um papel fundamental na construção da confiança dos Titulares de Dados nas organizações. Quando uma organização notifica prontamente os Titulares de Dados sobre um vazamento e demonstra transparência em seu tratamento, isso ajuda a manter a confiança do público. A confiança é um ativo valioso, e as organizações que a mantêm desfrutam de relacionamentos mais sólidos com seus clientes e parceiros.

IV. O Procedimento de Notificação

A LGPD estabelece que a notificação de vazamentos de dados deve ser feita sem demora indevida. A organização deve informar tanto a ANPD quanto os Titulares de Dados sobre o incidente. A notificação deve incluir informações detalhadas sobre o vazamento, incluindo sua natureza, as categorias de dados pessoais afetados, as medidas tomadas para mitigar riscos e as informações de contato do responsável pela proteção de dados da organização.

V. Multas e Penalidades

É importante destacar que a LGPD impõe multas substanciais para organizações que não cumprem suas obrigações de notificação. A ANPD pode impor multas de até 2% do faturamento anual da organização, com um limite de 50 milhões de reais por infração. Isso destaca a seriedade com que a lei encara a notificação de vazamentos de dados e a importância de cumprir essas obrigações.

VI. Exemplos de Notificação de Vazamentos de Dados

Para entender melhor como a notificação de vazamentos de dados funciona na prática, é útil considerar alguns exemplos reais:

a. Ciberataque em uma Instituição Financeira

Uma instituição financeira detecta um ciberataque que resultou no acesso não autorizado a informações financeiras de seus clientes. A instituição notifica imediatamente a ANPD e os Titulares de Dados afetados, fornecendo detalhes sobre o incidente e as medidas que estão sendo tomadas para proteger os clientes.

b. Vazamento de Dados Médicos em um Hospital

Um hospital descobre que os registros médicos de pacientes foram acidentalmente disponibilizados publicamente devido a uma falha em seu sistema de armazenamento. O hospital notifica a ANPD e os pacientes afetados, informando sobre a natureza do vazamento e oferecendo orientações sobre como os pacientes podem proteger suas informações.

c. Violação de Dados em uma Empresa de Tecnologia

Uma empresa de tecnologia percebe que sofreu uma violação de dados que expôs informações de login de seus clientes. A empresa relata o incidente à ANPD e notifica os clientes afetados, incentivando-os a alterar suas senhas e fornecendo recursos adicionais para proteger suas contas.

A notificação de vazamentos de dados desempenha um papel crítico na proteção da privacidade e dos direitos dos Titulares de Dados. Ela promove a transparência, permite a avaliação de riscos, protege os direitos dos Titulares de Dados e constrói confiança. É uma parte essencial do compromisso com a segurança de dados e a conformidade com a LGPD. Portanto, as organizações devem estar preparadas para agir com rapidez e responsabilidade em caso de vazamento de dados, cumprindo as obrigações legais e demonstrando seu compromisso com a proteção dos dados pessoais.

10.4. Avaliação de Impacto à Proteção de Dados (AIPD)

A Avaliação de Impacto à Proteção de Dados (AIPD) é uma ferramenta essencial no universo da Lei Geral de Proteção de Dados (LGPD). Ela desempenha um papel crucial na proteção da privacidade e na mitigação de riscos para os Titulares de Dados, representando uma parte fundamental da conformidade com a LGPD. Neste capítulo, exploraremos em profundidade o que é a AIPD, por que é importante, como ela funciona e como as organizações podem implementá-la eficazmente.

I. O Que é a AIPD?

A AIPD, sigla para Avaliação de Impacto à Proteção de Dados, é uma ferramenta usada pelas organizações para avaliar e entender os riscos envolvidos no tratamento de dados pessoais. Ela é uma prática proativa que visa identificar possíveis ameaças à privacidade e às informações sensíveis dos Titulares de Dados antes que ocorram violações ou incidentes de segurança.

Em essência, a AIPD é um processo que permite que as organizações identifiquem, compreendam e avaliem os riscos relacionados ao tratamento de dados pessoais. Isso envolve uma análise detalhada dos processos de tratamento de dados, identificando as possíveis ameaças, avaliando a vulnerabilidade dos sistemas e determinando o impacto potencial caso ocorra uma violação de dados.

II. Por Que a AIPD é Importante?

A Avaliação de Impacto à Proteção de Dados desempenha um papel vital na conformidade com a LGPD e na proteção dos direitos dos Titulares de Dados. Aqui estão algumas razões pelas quais a AIPD é tão importante:

a. Identificação Proativa de Riscos

A AIPD permite que as organizações identifiquem riscos à privacidade antes que ocorram incidentes de segurança ou violações de dados. Isso significa que as ameaças podem ser abordadas e mitigadas antes que causem danos.

b. Conformidade com a LGPD

A LGPD exige que as organizações realizem AIPDs sempre que o tratamento de dados pessoais representar um alto risco à privacidade. Isso significa que a AIPD é um requisito legal e uma parte fundamental da conformidade.

c. Transparência e Responsabilidade

A realização de AIPDs demonstra transparência e responsabilidade por parte das organizações. Elas estão mostrando seu compromisso com a proteção dos dados pessoais e a privacidade dos Titulares de Dados.

d. Melhor Gerenciamento de Riscos

A AIPD fornece informações valiosas sobre os riscos envolvidos no tratamento de dados. Isso permite que as organizações tomem medidas proativas para mitigar esses riscos e melhorar seu gerenciamento de segurança de dados.

III. Como a AIPD Funciona?

A realização de uma AIPD envolve vários passos essenciais. Aqui está uma visão geral de como o processo funciona:

a. Identificação de Processos de Tratamento de Dados

O primeiro passo é identificar todos os processos em que os dados pessoais são coletados, processados ou armazenados. Isso inclui a coleta de informações dos Titulares de Dados, seu armazenamento em sistemas, o acesso a esses dados e qualquer transferência para terceiros.

b. Avaliação de Riscos

Uma vez que os processos de tratamento de dados foram identificados, a próxima etapa é avaliar os riscos associados a cada um. Isso envolve a identificação de ameaças potenciais, a análise da vulnerabilidade dos sistemas e a avaliação do impacto potencial caso ocorra uma violação de dados.

c. Mitigação de Riscos

Com base na análise de riscos, as organizações devem tomar medidas para mitigar esses riscos. Isso pode incluir a implementação de medidas de segurança adicionais, a revisão e melhoria de políticas internas e a garantia de conformidade com os requisitos da LGPD.

d. Documentação

É fundamental documentar todo o processo de AIPD, desde a identificação de riscos até as medidas de mitigação implementadas. Essa documentação não apenas ajuda na conformidade, mas também na transparência e responsabilidade.

e. Revisão Contínua

A AIPD não é um processo único; é uma prática contínua. As organizações devem revisar e atualizar regularmente suas AIPDs para refletir as mudanças nos processos de tratamento de dados e nas ameaças à privacidade.

IV. Responsabilidade pela AIPD

A LGPD atribui a responsabilidade pela AIPD aos Controladores de Dados, que são as organizações que decidem como e por que os dados pessoais são processados. Eles devem garantir que a AIPD seja realizada sempre que necessário, com base no risco envolvido no tratamento de dados.

É importante ressaltar que a AIPD não é uma atividade isolada. Ela deve ser integrada às práticas de gerenciamento de riscos e segurança de dados de uma organização. Isso significa que a AIPD deve estar alinhada com outras medidas de segurança e políticas internas para garantir uma abordagem coesa à proteção de dados.

Em resumo, a Avaliação de Impacto à Proteção de Dados desempenha um papel fundamental na conformidade com a LGPD e na proteção da privacidade dos Titulares de Dados. Ela permite que as organizações identifiquem e mitigem riscos à privacidade, demonstrem transparência e responsabilidade e melhorem seu gerenciamento de segurança de dados. É uma prática contínua e essencial no mundo cada vez mais orientado pela proteção de dados pessoais.

CAPÍTULO 11

DOCUMENTAÇÃO E REGISTRO

Neste capítulo, abordarei os aspectos essenciais da documentação e registro necessários para a conformidade com a LGPD. A Lei Geral de Proteção de Dados é uma legislação que visa proteger a privacidade e os direitos dos Titulares de Dados, e a documentação adequada desempenha um papel fundamental nesse processo.

11.1. Registro das Atividades de Processamento

O registro das atividades de processamento é um dos pilares da conformidade com a LGPD. A transparência é um dos princípios fundamentais da lei, e a documentação adequada das atividades de processamento ajuda a alcançá-la. Esse registro detalhado é uma exigência para as organizações que tratam dados pessoais.

O registro deve incluir informações sobre cada atividade de processamento, como:

a. Propósito do Processamento

Qual é a finalidade para a qual os dados estão sendo coletados e processados? Esta é uma parte crucial da documentação, pois permite que os Titulares de Dados entendam por que suas informações estão sendo utilizadas.

b. Categorias de Titulares de Dados

Quem são as pessoas cujos dados estão sendo processados? A identificação das categorias de Titulares de Dados é importante para garantir que a privacidade de diferentes grupos de pessoas seja respeitada.

c. Categorias de Dados Pessoais

Que tipos de informações estão sendo coletados? Aqui, é essencial documentar as diferentes categorias de dados, incluindo dados sensíveis, se aplicável.

d. Categorias de Destinatários dos Dados

Quem receberá esses dados? Os registros devem incluir informações sobre quais entidades ou departamentos dentro da organização terão acesso aos dados, bem como quaisquer terceiros que possam estar envolvidos.

e. Transferências Internacionais de Dados

Se os dados serão transferidos para fora do Brasil, quais medidas de segurança estão sendo implementadas para garantir a proteção dos dados durante essa transferência?

f. Prazos de Retenção

Por quanto tempo os dados serão armazenados? A LGPD exige que os dados sejam mantidos apenas pelo tempo necessário para atingir a finalidade do processamento.

g. Medidas de Segurança

Como os dados estão sendo protegidos? Aqui, é essencial documentar as medidas de segurança técnicas e organizacionais implementadas.

h. Encarregado de Proteção de Dados (DPO)

Se aplicável, o registro deve incluir a identificação do DPO da organização. Manter esse registro atualizado e preciso é essencial para demonstrar que a organização está tratando os dados pessoais de forma transparente e em conformidade com a LGPD.

Além disso, em caso de auditorias ou investigações, esse registro serve como uma ferramenta valiosa para verificar as práticas de tratamento de dados da organização.

11.2. Relatórios de Conformidade

Os relatórios de conformidade são documentos que resumem a posição da organização em relação à LGPD. Eles podem ser usados para comunicar o progresso da conformidade com as partes interessadas internas e externas, bem como para facilitar auditorias internas e externas.

Um relatório de conformidade geralmente deve conter:

a. Visão Geral da Conformidade

Uma introdução que descreve o objetivo do relatório e a

abordagem da organização em relação à conformidade.

b. Status da Conformidade

Um resumo do estado atual da conformidade da organização, incluindo áreas de sucesso e desafios em relação à LGPD.

c. Medidas Tomadas

Uma descrição das medidas específicas que a organização tomou para atender aos requisitos da LGPD, como a implementação de políticas, a realização de AIPDs e a nomeação de um DPO.

d. Casos de Não Conformidade

Se houver áreas em que a organização não está em conformidade, elas devem ser documentadas, juntamente com as ações corretivas planejadas.

e. Planos Futuros

Uma visão das próximas etapas da organização em relação à conformidade com a LGPD, bem como quaisquer investimentos planejados.

f. Contato para Dúvidas e Denúncias

Informações de contato para que os Titulares de Dados e outras partes interessadas possam fazer perguntas ou denunciar preocupações relacionadas à proteção de dados.

Esses relatórios são valiosos para demonstrar o compromisso contínuo da organização com a conformidade e para comunicar transparentemente seu status de conformidade a todos os envolvidos.

11.3. Políticas e Procedimentos Internos

A elaboração de políticas e procedimentos internos é uma parte crítica da conformidade com a LGPD. As políticas definem as regras e diretrizes que a organização seguirá para garantir o tratamento adequado dos dados pessoais.

Essas políticas podem incluir:

a. Política de Privacidade

Uma política que descreve como os dados pessoais serão tratados, quais são os direitos dos Titulares de Dados e como eles podem exercer esses direitos.

b. Política de Retenção de Dados

Diretrizes sobre quanto tempo os dados pessoais serão retidos, com base nas finalidades do processamento.

c. Política de Consentimento

Se o consentimento dos Titulares de Dados for uma base legal para o tratamento, essa política deve descrever como o consentimento será obtido e gerenciado.

d. Política de Segurança de Dados

Um conjunto de diretrizes sobre as medidas de segurança a serem implementadas para proteger os dados pessoais.

e. Política de Acesso e Retificação

Procedimentos para permitir que os Titulares de Dados acessem e retifiquem suas informações pessoais.

f. Procedimentos de Notificação de Vazamentos de Dados

Instruções sobre como lidar com vazamentos de dados, incluindo notificação às partes relevantes.

É essencial que essas políticas sejam claras, acessíveis a todos os funcionários e reflitam a abordagem da organização à conformidade com a LGPD. Além disso, elas devem ser revisadas e atualizadas regularmente para se manterem relevantes em um ambiente de constante evolução.

A documentação e o registro desempenham um papel central na conformidade com a LGPD. O registro detalhado das atividades de processamento, a realização de Avaliações de Impacto à Proteção de Dados (AIPDs), a criação de relatórios de conformidade e a elaboração de políticas e procedimentos internos são componentes interligados que contribuem para a conformidade contínua com a lei.

Manter registros precisos e atualizados não apenas demonstra o compromisso da organização com a proteção dos dados pessoais, mas também serve como ferramentas práticas para monitorar, manter e melhorar continuamente as práticas de tratamento de dados. Ter registros precisos e atualizados é essencial para a transparência e responsabilidade na gestão de dados pessoais em conformidade com a LGPD.

CAPÍTULO 12

AUDITORIAS E FISCALIZAÇÕES

Neste capítulo, exploraremos um aspecto crítico da conformidade com a LGPD: as auditorias e fiscalizações realizadas pela Autoridade Nacional de Proteção de Dados (ANPD). Entender como esses processos funcionam é essencial para que as organizações se preparem adequadamente para atender aos requisitos da lei e evitem possíveis sanções e penalidades.

12.1. Processos de Auditoria

As auditorias desempenham um papel vital na verificação da conformidade com a LGPD. A ANPD, como a autoridade competente, tem o poder de conduzir auditorias nas organizações que tratam dados pessoais. Essas auditorias são destinadas a verificar se as práticas de tratamento de dados da organização estão em conformidade com a lei. O processo de auditoria da

ANPD geralmente envolve as seguintes etapas:

a. Notificação de Auditoria

A ANPD notifica a organização sobre a auditoria planejada. Essa notificação incluirá informações sobre o escopo da auditoria e as datas em que a equipe da ANPD estará presente na organização.

b. Coleta de Documentação

Durante a auditoria, os auditores da ANPD têm o direito de coletar documentação relacionada ao tratamento de dados, incluindo registros das atividades de processamento, políticas de privacidade, Avaliações de Impacto à Proteção de Dados (AIPDs) e outros documentos relevantes.

c. Entrevistas e Entrevistas

A equipe de auditoria pode realizar entrevistas com funcionários da organização para entender as práticas de tratamento de dados e verificar a conformidade com a LGPD.

d. Análise de Práticas de Segurança

Os auditores podem avaliar as medidas de segurança implementadas pela organização para proteger os dados pessoais.

e. Identificação de Não Conformidades

Se durante a auditoria forem identificadas áreas em que a organização não está em conformidade com a LGPD, essas não conformidades são documentadas.

f. Relatório de Auditoria

Após a conclusão da auditoria, a ANPD emite um relatório que descreve suas descobertas. Este relatório é compartilhado com a organização auditada.

g. Ações Corretivas

A organização auditada deve tomar medidas corretivas para resolver quaisquer não conformidades identificadas no relatório de auditoria.

É fundamental que as organizações estejam preparadas para a possibilidade de auditorias da ANPD. Isso inclui a manutenção de registros detalhados e a documentação precisa de todas as práticas de tratamento de dados. Além disso, as organizações devem ter em vigor políticas e procedimentos internos que reflitam os requisitos da LGPD.

12.2. Poderes da ANPD

A ANPD tem uma série de poderes e atribuições para cumprir sua missão de fiscalizar e garantir a conformidade com a LGPD. Estes poderes incluem:

a. Realizar Auditorias e Inspeções

Como mencionado anteriormente, a ANPD tem o direito de conduzir auditorias e inspeções em organizações que tratam dados pessoais. Isso é fundamental para verificar a conformidade com a lei.

b. Solicitar Informações

A ANPD pode solicitar informações e documentação das organizações relacionadas ao tratamento de dados pessoais. É crucial que as organizações cooperem plenamente com tais solicitações.

c. Requerer Ações Corretivas

Se a ANPD identificar não conformidades durante uma auditoria, ela pode exigir que a organização tome medidas corretivas para resolver essas não conformidades.

d. Aplicar Sanções e Penalidades

A ANPD tem o poder de impor sanções e penalidades a organizações que não estão em conformidade com a LGPD. Isso pode incluir multas substanciais, que podem chegar a 2% do faturamento da organização, limitado a R$ 50 milhões por infração.

e. Orientar e Educar

Além de aplicar sanções, a ANPD também tem o papel de orientar e educar as organizações sobre as melhores práticas de proteção de dados e a conformidade com a LGPD.

12.3. Sanções e Penalidades

As sanções e penalidades previstas na LGPD são uma parte crucial do regime de fiscalização da lei. Essas medidas são projetadas para incentivar as organizações a cumprirem os requisitos da LGPD e garantir que a proteção dos dados pessoais seja levada a sério.

As sanções incluem:

a. Advertência

A ANPD pode emitir uma advertência para uma organização que está em não conformidade com a LGPD. Esta é uma medida inicial destinada a chamar a atenção da organização para possíveis problemas de conformidade.

b. Multa

Em casos mais graves de não conformidade, a ANPD pode impor multas. As multas podem chegar a 2% do faturamento da organização, limitado a R$ 50 milhões por infração. Essas multas podem ser significativas e têm o objetivo de incentivar a conformidade.

c. Publicidade da Infração

A ANPD pode determinar que a infração seja tornada pública, o que pode resultar em danos significativos à reputação da organização.

d. Bloqueio de Dados

Em casos extremos, a ANPD pode ordenar o bloqueio de dados pessoais quando necessário para proteger os direitos dos Titulares de Dados.

e. Eliminação de Dados

A ANPD pode ordenar a eliminação de dados pessoais coletados em violação da LGPD.

12.4. Recursos e Procedimentos de Defesa

As organizações têm o direito de contestar as sanções e penalidades impostas pela ANPD. Para fazer isso, elas podem recorrer a procedimentos de defesa e recursos disponíveis.

Os procedimentos de defesa geralmente envolvem:

a. Recurso Administrativo

As organizações podem apresentar um recurso administrativo à ANPD contestando a sanção ou penalidade imposta. A ANPD revisará o recurso e pode modificar ou confirmar a sanção.

b. Ação Judicial

Se uma organização não concordar com a decisão da ANPD após um recurso administrativo, ela pode recorrer aos tribunais para contestar a sanção. Os tribunais analisarão o caso e tomarão uma decisão final.

É importante que as organizações estejam cientes dos procedimentos de defesa disponíveis e estejam preparadas para usá-los, se necessário. Isso permite que as organizações protejam seus direitos e contestem sanções injustas ou desproporcionais.

As auditorias e fiscalizações realizadas pela ANPD são parte integrante do regime de conformidade com a LGPD. É fundamental que as organizações compreendam os processos de auditoria, os poderes da ANPD, as sanções e penalidades em jogo e os procedimentos de defesa disponíveis.

CAPÍTULO 13

DESAFIOS E TENDÊNCIAS NA PROTEÇÃO DE DADOS

À medida que o cenário de proteção de dados continua a evoluir, novos desafios e tendências emergem constantemente. Neste capítulo, explorarei quatro áreas de destaque: o impacto da Inteligência Artificial (IA) e da Internet das Coisas (IoT) na LGPD, o conceito de privacidade por design e como a regulamentação de proteção de dados está evoluindo.

13.1. Inteligência Artificial e LGPD

A Inteligência Artificial (IA) está revolucionando a forma como as organizações coletam, processam e utilizam dados. Com a IA, máquinas e sistemas podem aprender e tomar decisões com base em grandes volumes de dados. No entanto, essa evolução tecnológica também traz desafios significativos em termos de proteção de dados pessoais, que se encaixam perfeitamente na estrutura da LGPD.

A LGPD lida com a IA em vários aspectos, especialmente no que se refere à transparência, à tomada de decisões automatizadas e à necessidade de consentimento. Por exemplo, organizações que utilizam IA para tomada de decisões automatizadas que afetam os indivíduos precisam ser transparentes sobre os algoritmos e processos envolvidos. Os Titulares de Dados têm o direito de entender como essas decisões são tomadas e, quando apropriado, de contestá-las. A LGPD também exige que o consentimento seja obtido para o processamento de dados pessoais.

No contexto da IA, as organizações precisam garantir que os Titulares de Dados tenham informações claras sobre como seus dados serão usados para treinar algoritmos de IA e tomar decisões automatizadas. A IA deve ser uma aliada da privacidade, não uma ameaça.

Por exemplo, uma empresa de crédito que utiliza IA para determinar a elegibilidade de um cliente para um empréstimo deve garantir que o processo seja transparente, que o consentimento seja obtido e que os Titulares de Dados tenham o direito de contestar as decisões.

A LGPD também aborda a questão de "profiling", que é o uso de dados pessoais para avaliar certos aspectos de um indivíduo, como seu desempenho no trabalho, saúde, situação econômica, preferências, interesses, confiabilidade, comportamento, localização ou movimentação. Isso também se aplica a sistemas de IA que usam dados pessoais para criar perfis de indivíduos. A LGPD exige transparência e a possibilidade de contestação nesses casos. A relação entre IA e LGPD é uma área em constante evolução e deve ser acompanhada de perto por organizações que buscam cumprir a lei.

13.2. Internet das Coisas (IoT) e LGPD

A Internet das Coisas (IoT) está se tornando uma parte cada vez mais integrada de nossas vidas. Dispositivos IoT, como termostatos inteligentes, câmeras de segurança e dispositivos de rastreamento, coletam e compartilham uma quantidade considerável de dados pessoais. A LGPD reconhece o potencial impacto da IoT e estabelece diretrizes específicas para seu tratamento.

No contexto da LGPD, as organizações que desenvolvem ou utilizam dispositivos IoT devem garantir que a coleta de dados seja realizada com transparência e que os Titulares de Dados concedam consentimento, quando necessário. A LGPD também exige que as organizações implementem medidas de segurança adequadas para proteger os dados coletados por dispositivos IoT.

Além disso, a LGPD requer que as organizações informem os Titulares de Dados sobre a finalidade da coleta e o período de retenção dos dados. Isso é especialmente importante no contexto da IoT, onde os dispositivos podem coletar dados de forma contínua.

Por exemplo, imagine um dispositivo de monitoramento de saúde que coleta dados sobre os sinais vitais de um indivíduo. A organização que fornece esse dispositivo deve garantir que os Titulares de Dados estejam cientes de como seus dados serão usados, quem terá acesso a eles e por quanto tempo serão retidos.

Outro desafio relacionado à IoT é a interconectividade de dispositivos. À medida que mais dispositivos se tornam interconectados, a LGPD exige que as organizações protejam os dados à medida que são transferidos entre dispositivos e sistemas. Isso é essencial para evitar vazamentos de dados e garantir a privacidade dos Titulares de Dados.

13.3. Privacidade por Design

A privacidade por design é um conceito fundamental da LGPD que visa incorporar a proteção de dados desde o início de qualquer projeto ou sistema. Isso significa que as organizações devem considerar a privacidade e a segurança dos dados desde a concepção de qualquer sistema, processo ou produto que envolva o tratamento de dados pessoais.

A privacidade por design envolve a implementação de medidas de proteção de dados em todos os estágios de desenvolvimento de um projeto. Por exemplo, quando uma organização está criando um novo aplicativo para coletar dados pessoais, a privacidade por design exige que sejam incorporados controles de privacidade, como a obtenção de consentimento e a criptografia de dados, desde o início do desenvolvimento.

Isso é uma mudança fundamental na forma como as organizações abordam a proteção de dados, e é uma tendência crescente em todo o mundo. A LGPD incentiva essa abordagem, e as organizações que a adotam não apenas estão em conformidade com a lei, mas também demonstram um compromisso com a proteção da privacidade desde o início.

13.4. Evolução da Regulamentação

A regulamentação de proteção de dados está em constante evolução. O Brasil está no processo de ajustar sua legislação à LGPD, e a Autoridade Nacional de Proteção de Dados (ANPD) desempenhará um papel fundamental na supervisão e aplicação da lei. A ANPD já está emitindo regulamentos e orientações para esclarecer os requisitos da LGPD.

Além disso, a LGPD faz parte de um movimento global em direção a regulamentações de privacidade de dados mais rigorosas. A União Europeia já adotou o Regulamento Geral de Proteção de Dados (GDPR), que estabelece regras rigorosas para o tratamento de dados pessoais. Outros países e regiões também estão implementando regulamentações semelhantes.

Essa tendência global em direção a regulamentações de proteção de dados mais rigorosas significa que as organizações que operam internacionalmente precisam estar cientes das diferentes leis de privacidade em vigor. Isso pode ser um desafio, especialmente para organizações que coletam dados pessoais de pessoas em diferentes países.

Para se manterem atualizadas e em conformidade, as organizações devem acompanhar de perto a evolução da regulamentação e buscar orientação quando necessário.

Os desafios e tendências na proteção de dados são uma parte vital do cenário em constante evolução da privacidade e segurança dos dados pessoais. À medida que a IA, a IoT, a privacidade por design e as regulamentações continuam a se desenvolver, as organizações devem estar preparadas para se adaptar e garantir a conformidade com as leis de proteção de dados.

A LGPD fornece um quadro sólido para a proteção de dados pessoais no Brasil, e as organizações que a seguem não apenas evitam sanções, mas também constroem a confiança dos consumidores e demonstram um compromisso com a privacidade. A compreensão dessas tendências e desafios é fundamental para garantir que as organizações permaneçam na vanguarda da proteção de dados e sigam as melhores práticas em um mundo cada vez mais digital e interconectado.

CAPÍTULO 14

CASES DE ESTUDO

Neste capítulo, exploraremos diversos casos de estudo relacionados à Lei Geral de Proteção de Dados (LGPD) no Brasil. Vamos analisar exemplos de boas práticas, estudos de casos de não conformidade, lições aprendidas e as implicações legais que podem ser extraídas dessas situações.

14.1. Exemplos de Boas Práticas

Para compreender plenamente a LGPD e seu impacto nas organizações, é essencial examinar exemplos de boas práticas. Vamos considerar um caso de uma empresa que adotou medidas eficazes para cumprir a LGPD.

Caso de Estudo 1: Empresa X

A Empresa X é uma startup de tecnologia que desenvolve aplicativos móveis. Consciente dos desafios da LGPD, a Empresa X tomou medidas proativas para proteger os dados pessoais de seus usuários. Alguns dos passos que eles seguiram incluem:

a. Transparência e Consentimento

A Empresa X fornece informações claras sobre como os dados dos usuários serão coletados e usados. Além disso, eles solicitam consentimento explícito para o tratamento de dados sensíveis, como informações de geolocalização.

b. Segurança de Dados

Implementaram medidas rigorosas de segurança, como criptografia de dados e acesso restrito às informações do usuário.

c. Políticas de Retenção de Dados

Definiram políticas para a retenção e eliminação de dados. Isso garante que os dados dos usuários não sejam mantidos indefinidamente.

d. Treinamento de Funcionários

Todos os funcionários receberam treinamento sobre a LGPD e a importância da proteção de dados pessoais.

e. Encarregado de Proteção de Dados (DPO)

Nomearam um DPO para supervisionar a conformidade e atuar como ponto de contato para questões relacionadas à LGPD.

Essas ações proativas da Empresa X demonstram um compromisso sólido com a proteção de dados pessoais e o cumprimento da LGPD. Eles não apenas cumprem a lei, mas também constroem a confiança dos usuários em seus produtos.

14.2. Estudos de Casos de Não Conformidade

Além dos exemplos de boas práticas, é crucial aprender com os erros e estudar casos de não conformidade. A seguir, consideraremos um caso em que uma organização enfrentou desafios relacionados à LGPD.

Caso de Estudo 2: Empresa Y

A Empresa Y é uma organização de médio porte que oferece serviços financeiros. Eles coletam informações detalhadas dos clientes para processar transações e fornecer serviços bancários.

No entanto, a Empresa Y enfrentou sérios problemas de conformidade com a LGPD devido a práticas inadequadas de tratamento de dados pessoais:

a. Falta de Consentimento

A Empresa Y não obteve consentimento explícito de seus clientes para o tratamento de dados sensíveis, como informações financeiras.

b. Falta de Transparência

Eles não forneceram informações claras sobre como os dados dos clientes seriam usados, tornando difícil para os clientes entenderem a finalidade da coleta de dados.

c. Medidas de Segurança Inadequadas

A segurança dos dados dos clientes era frágil, o que levou a uma violação de dados em que informações financeiras foram expostas.

d. Falta de Políticas de Retenção de Dados

A Empresa Y não tinha políticas claras para a retenção e eliminação de dados, resultando em dados de clientes sendo mantidos por tempo indeterminado.

e. Ausência de DPO

Não nomearam um DPO para supervisionar a conformidade com a LGPD.

As implicações legais para a Empresa Y incluíram multas substanciais, ações judiciais de clientes prejudicados e uma perda significativa de reputação. Esse caso destaca a importância de aderir à LGPD e implementar práticas de tratamento de dados responsáveis.

14.3. Lições Aprendidas

A partir desses casos de estudo, podemos extrair lições valiosas:

a. Transparência é Fundamental

As organizações devem ser transparentes sobre como coletam, usam e compartilham dados pessoais. Os Titulares de Dados têm o direito de saber como suas informações serão tratadas.

b. Segurança é Prioritária

A segurança dos dados deve ser uma prioridade. As organizações devem implementar medidas rigorosas para proteger informações pessoais contra vazamentos e violações.

c. Consentimento é Essencial

O consentimento explícito é necessário para o tratamento de

dados sensíveis. As organizações devem obter o consentimento claro dos Titulares de Dados sempre que necessário.

d. Políticas de Retenção de Dados

É fundamental estabelecer políticas claras para a retenção e eliminação de dados, evitando a retenção desnecessária.

e. Formação e Designação de um DPO

A formação de funcionários em relação à LGPD e a nomeação de um DPO são passos importantes para garantir a conformidade.

14.4. Análise de Implicações Legais

As implicações legais de casos de estudo são variadas. As organizações que não cumprem a LGPD podem enfrentar multas substanciais, ações judiciais de Titulares de Dados prejudicados e danos à reputação. Além disso, a LGPD permite que a Autoridade Nacional de Proteção de Dados (ANPD) aplique sanções, como advertências, multas, bloqueio do tratamento de dados e eliminação de dados.

A análise de implicações legais também destaca a importância de buscar aconselhamento jurídico e estar ciente das responsabilidades legais relacionadas à LGPD. As organizações devem estar preparadas para lidar com a ANPD, que tem o poder de fiscalizar, orientar e sancionar.

Os casos de estudo fornecem insights valiosos sobre a implementação da LGPD e suas consequências. Através de exemplos de boas práticas e estudos de casos de não conformidade, podemos aprender lições importantes sobre como proteger dados pessoais, cumprir a lei e evitar sanções. Além disso, a análise de implicações legais destaca a seriedade das consequências legais da não conformidade com a LGPD.

CAPÍTULO 15

PREPARAÇÃO PARA O FUTURO

Neste capítulo, abordaremos as questões relacionadas à preparação para o futuro no contexto da Lei Geral de Proteção de Dados (LGPD) no Brasil. À medida que a LGPD evolui e novos desafios surgem, é essencial considerar o que o futuro reserva para essa legislação e como as organizações podem se preparar para o que está por vir.

15.1. O Futuro da LGPD

A LGPD, como qualquer regulamentação, está em constante evolução. Ela está se consolidando e amadurecendo, à medida que organizações, autoridades e a sociedade como um todo se adaptam às suas disposições. No entanto, seu futuro é promissor e traz consigo uma maior conscientização sobre a importância da proteção de dados pessoais.

a. Maior Conscientização

À medida que os casos de violações de dados e a exposição de informações pessoais aumentam globalmente, a conscientização sobre a proteção de dados também cresce. Os Titulares de Dados estão mais cientes de seus direitos, e as organizações estão se esforçando para cumprir a LGPD de forma mais eficaz.

b. Desenvolvimento de Boas Práticas

Com a maturação da LGPD, vemos o desenvolvimento contínuo de boas práticas para o tratamento de dados pessoais. As organizações estão aprimorando suas políticas e procedimentos internos, o que beneficia os Titulares de Dados.

c. Tendências Internacionais

A LGPD está alinhada com regulamentações de proteção de dados em todo o mundo, como o Regulamento Geral de Proteção de Dados (GDPR) na União Europeia. Isso reflete uma tendência internacional em direção a normas mais rígidas de privacidade.

15.2. Possíveis Mudanças na Legislação

O cenário da legislação de proteção de dados é dinâmico e pode trazer mudanças significativas no futuro. É importante acompanhar possíveis alterações na legislação relacionada à LGPD.

a. Aprimoramentos e Emendas

A LGPD pode ser aprimorada e emendada para abordar questões específicas à medida que surgem. É fundamental estar ciente de tais mudanças e adaptar as práticas de conformidade de acordo.

b. Convergência com Regulamentações Internacionais

A LGPD pode passar por adaptações para manter a convergência com regulamentações internacionais. Isso é particularmente importante para empresas que operam globalmente.

c. Regulamentações Setoriais

Setores específicos podem ser alvo de regulamentações adicionais de proteção de dados, dependendo das necessidades do setor. Estar atento a essas mudanças é essencial.

15.3. Preparação para Desafios Futuros

Para enfrentar os desafios futuros relacionados à LGPD, as organizações devem adotar uma abordagem proativa. Aqui estão algumas maneiras de se preparar:

a. Aprimoramento Contínuo

Mantenha-se atualizado com as melhores práticas e regulamentações relacionadas à proteção de dados. A conformidade contínua e o aprimoramento de políticas e procedimentos são essenciais.

b. Treinamento e Conscientização

Garanta que sua equipe esteja bem informada e treinada em questões de proteção de dados. Isso ajuda a evitar erros e manter altos padrões de conformidade.

c. Tecnologia e Segurança

Mantenha-se atualizado com as mais recentes tecnologias de segurança de dados. Investir em segurança cibernética é uma parte crucial da proteção de dados pessoais.

d. Auditorias e Monitoramento

Realize auditorias regulares e monitore o cumprimento da LGPD em sua organização. Isso ajuda a identificar áreas de melhoria e a evitar não conformidades.

15.4. Internacionalização da LGPD

A LGPD não se aplica apenas ao Brasil; ela também tem implicações internacionais. Isso ocorre porque muitas empresas brasileiras operam globalmente e coletam dados de Titulares de Dados de todo o mundo. Para essas empresas, a internacionalização da LGPD é relevante.

a. Compatibilidade Global

A LGPD foi projetada para ser compatível com outras regulamentações globais de proteção de dados, como o GDPR na União Europeia. Isso facilita a operação de empresas em vários países, pois as regras são semelhantes.

b. Proteção de Dados Transfronteiriços

A LGPD lida com a transferência de dados pessoais para fora do Brasil. É fundamental garantir que as transferências de dados cumpram as regulamentações internacionais.

c. Atendimento a Regulamentações Locais

Empresas brasileiras que operam no exterior devem considerar também as regulamentações locais de proteção de dados dos países onde atuam.

A preparação para o futuro no contexto da LGPD é essencial para garantir que as organizações continuem a cumprir a lei e proteger os direitos dos Titulares de Dados. A evolução da LGPD, possíveis mudanças na legislação, a preparação para desafios futuros e a internacionalização da regulamentação são áreas críticas a serem consideradas.

16. CONCLUSÃO

À medida que exploramos a complexa e essencial Lei Geral de Proteção de Dados (LGPD), é fundamental recapitular as principais conclusões, fornecer orientações sobre conformidade contínua e compartilhar recomendações finais para empresas. Além disso, enfatizaremos a importância de promover uma cultura de proteção de dados e, de uma forma mais descontraída, sugerirei algumas séries e filmes relacionados à temática da privacidade e proteção de dados.

16.1. Resumo das Principais Conclusões

Durante nossa jornada pela LGPD, destacamos várias conclusões críticas:

a. Proteção de Dados Pessoais

A LGPD visa garantir a proteção dos dados pessoais dos Titulares de Dados, estabelecendo direitos e responsabilidades claras para organizações que coletam, processam e armazenam esses dados.

b. Conformidade é Fundamental

As organizações devem estar em conformidade com a LGPD para evitar penalidades e proteger a privacidade dos Titulares de Dados.

c. Responsabilidades Compartilhadas

A LGPD define responsabilidades tanto para Controladores de Dados quanto para Operadores de Dados, promovendo uma abordagem colaborativa para a proteção de dados.

d. Segurança e Transparência

Medidas de segurança, notificação de vazamentos de dados, Avaliação de Impacto à Proteção de Dados (AIPD) e responsabilidade pela segurança são componentes vitais para a proteção de dados.

e. Futuro da LGPD

O futuro da LGPD envolve maior conscientização, possível evolução da legislação e preparação contínua para desafios futuros, incluindo a internacionalização da regulamentação.

16.2. Passos para Conformidade Contínua

Manter a conformidade com a LGPD é uma jornada contínua. Aqui estão alguns passos essenciais:

a. Treinamento Continuado

Mantenha sua equipe atualizada sobre as melhores práticas de proteção de dados e as alterações na legislação.

b. Auditorias Regulares

Realize auditorias frequentes para garantir que suas práticas estejam em conformidade com a LGPD.

c. Adaptação à Evolução

Esteja pronto para adaptar suas políticas e procedimentos à medida que a LGPD evolui e surgem novos desafios.

d. Aprimoramento de Tecnologia

Investir em tecnologia de segurança de dados é essencial para proteger as informações pessoais.

16.3. Recomendações Finais para Empresas

Para empresas que buscam conformidade contínua com a LGPD, aqui estão algumas recomendações finais:

a. Desenvolva uma Estratégia de Privacidade

Crie e implemente uma estratégia de privacidade abrangente que cubra todos os aspectos da LGPD.

b. Promova a Conscientização

Garanta que todos na organização entendam a importância da proteção de dados e estejam cientes de suas responsabilidades.

c. Esteja Preparado para Vazamentos de Dados

Desenvolva planos de resposta a incidentes para lidar eficazmente com vazamentos de dados.

d. Colabore com a ANPD

Mantenha uma comunicação transparente com a Autoridade Nacional de Proteção de Dados e siga suas diretrizes.

e. Avalie Fornecedores

Selecione cuidadosamente fornecedores que também estejam em conformidade com a LGPD.

16.4. Encorajamento à Cultura de Proteção de Dados

Promover uma cultura de proteção de dados é fundamental para a conformidade contínua. Todos na organização devem estar cientes da importância de proteger a privacidade dos Titulares de Dados.

A LGPD é uma legislação essencial que impacta todas as organizações que lidam com dados pessoais no Brasil. A conformidade é crucial, e manter-se atualizado e adaptável é a chave para enfrentar os desafios contínuos da proteção de dados.

Promover uma cultura de proteção de dados e conscientização em toda a organização é uma parte fundamental desse processo. Combinando os esforços de sua equipe, tecnologia e políticas de segurança de dados, você pode não apenas cumprir a LGPD, mas também proteger a privacidade dos Titulares de Dados e construir confiança com seu público.

Espero que esta jornada pela LGPD tenha sido informativa e útil. Lembre-se sempre de que a proteção de dados é um esforço contínuo e que a conformidade é essencial para manter a integridade e a confiança em seu negócio. Boa sorte em sua jornada de proteção de dados!

SÉRIES E FILMES

DICAS DE SÉRIES E FILMES

Para uma nota mais leve, deixo algumas sugestões de séries e filmes que abordam temas relacionados à privacidade e proteção de dados:

a. Black Mirror (Série)

Uma série que explora os impactos da tecnologia na sociedade e na privacidade.

b. The Great Hack (Documentário)

Um documentário que analisa o escândalo do Facebook-Cambridge Analytica e suas implicações na proteção de dados.

c. The Circle (Livro e Filme)

Uma história de ficção que examina as implicações da tecnologia de vigilância na vida cotidiana.

d. Snowden (Filme)

Baseado na história real de Edward Snowden, este filme discute as implicações da vigilância em massa e o papel dos denunciantes na proteção da privacidade.

e. O Dilema das Redes (Documentário)

Este famoso documentário da Netflix nos faz pensar sobre o uso dos dados do usuário nas redes sociais hoje em dia.

Lembre-se, na jornada de conformidade com a LGPD, a educação contínua e o apoio são essenciais. Aproveitar recursos adicionais enriquecerá sua compreensão e capacitação. Continue explorando, aprendendo e conectando- se com outros interessados na privacidade de dados, pois cada pequeno passo o aproxima de uma conformidade sólida.

REFERÊNCIA BIBLIOGRÁFICA

Este livro é fundamentado em uma pesquisa minuciosa e em consulta a diversas fontes confiáveis, com foco na Lei Geral de Proteção de Dados (LGPD). Buscamos fornecer informações precisas e de grande valor no contexto da LGPD. As fontes e recursos seguintes foram cuidadosamente analisados e são referenciados ao longo deste livro:

Livros

* Macedo, Alexandre. Lei Geral de Proteção de Dados: Guia Completo para Entender e Implementar a LGPD.

* PRATA, Alexandre; e outros. LGPD - Lei Geral de Proteção de Dados Pessoais: Manual de Implementação

* Cunha, Fabrício da Motta. Proteção de Dados Pessoais e os Desafios para o Direito.

* Reis, Luciano. Lei Geral de Proteção de Dados Anotada.

* Silva, Juliana Nunes da. Manual de Direito para Startups: Questões Jurídicas Relevantes para Empreendedores.

Sites

* Direito em Conformidade. Disponível em: [https://direitoemconformidade.com.br/]

* Autoridade Nacional de Proteção de Dados (ANPD). Disponível em: [https://www.gov.br/anpd/pt-br]

Legislação

* Constituição Federal do Brasil de 1988. Disponível em: [https://www.planalto.gov.br/ccivil_03/constituicao/const ituicao.htm]

* Lei nº 13.709, de 14 de agosto de 2018. Disponível em: [https://www.planalto.gov.br/ccivil_03/_ato2015- 2018/2018/lei/l13709.htm]

Cada uma dessas fontes desempenhou um papel fundamental na pesquisa e no desenvolvimento deste livro, com o objetivo de fornecer a você informações confiáveis e práticas para ajudá- lo em sua jornada de conformidade com a Lei Geral de Proteção de Dados (LGPD) e práticas seguras de tratamento de dados.

AGRADECIMENTOS

À medida que você conclui este livro sobre a LGPD, agradeço por dedicar tempo à leitura e ao aprendizado. Seja iniciando ou avançando na compreensão da proteção de dados, sua busca é valiosa e inspiradora.

Espero que as informações compartilhadas aqui sejam úteis em sua busca pela conformidade. Cada passo, escolha segura e compreensão o aproximam dos objetivos. Haverá desafios, mas também conquistas.

Desejo a você um caminho seguro na proteção de dados, garantindo não apenas conformidade, mas a segurança das informações. Siga determinado, educando-se e buscando apoio. Estou feliz por fazer parte dessa jornada, mesmo à distância.

Flávia Figueiredo

www.direitoemconformidade.com.br

@direitoemconformidade

Siga para mais conteúdos e orientações

SOBRE O AUTOR

Flávia Figueiredo

Olá, querido leitor!

Sou Flávia Figueiredo, uma especialista apaixonada pelo universo da proteção de dados. Sou formada em Direito, e ao longo de minha carreira, encontrei meu verdadeiro propósito quando conheci a LGPD, bem antes da minha especialização em Direito Digital, Compliance e LGPD.

Como proprietária do site "Direito em Conformidade," minha missão é fornecer informações confiáveis e práticas sobre a LGPD. Acredito que a conformidade com essa legislação é essencial, não apenas para as empresas, mas para a proteção dos direitos dos titulares de dados.

A LGPD é um desafio complexo, e meu objetivo é ajudar as pessoas a compreender e implementar as práticas necessárias para cumprir essa legislação. A privacidade e a segurança dos dados pessoais são fundamentais em nosso mundo digital em constante evolução, e estou comprometida em capacitar outros nesse processo.

Meu livro, "LGPD: O Caminho para o Sucesso Empresarial, Privacidade e Conformidade," é uma extensão desse compromisso. Com ele, pretendo orientar empresas e indivíduos a navegar com sucesso pelo cenário da LGPD, promovendo uma cultura de proteção de dados e conformidade contínua.

Minha jornada na área da LGPD é impulsionada pela convicção de que a proteção de dados é um pilar crucial para o futuro do mundo digital. Desejo que meu trabalho e meus livros possam contribuir para tornar esse mundo mais seguro e consciente da importância da privacidade e da conformidade com a LGPD.

Um abraço.

www.ingramcontent.com/pod-product-compliance
Lightning Source LLC
LaVergne TN
LVHW010557160826
845677LV00013B/3162
9786500856200